抗日英雄小故事系列

赵尚志

周东升　汪铮/主编

英小志/编著

团结出版社

图书在版编目（CIP）数据

赵尚志／英小志编著.--北京：团结出版社，
2014.12（2021.9重印）
（抗日英雄小故事系列／周东升，汪铮主编）
ISBN 978-7-5126-3001-7

Ⅰ.①赵… Ⅱ.①英… Ⅲ.①赵尚志（1908～1942）
-传记-青少年读物 Ⅳ.①K825.2-49

中国版本图书馆CIP数据核字（2014）第165719号

出　　版：团结出版社
　　　　　（北京市东城区东皇城根南街84号　邮编：100006）
电　　话：（010）65228880　65244790（出版社）
　　　　　（010）65238766　85113874　65133603（发行部）
　　　　　（010）65133603（邮购）
网　　址：http://www.tjpress.com
E-mail：zb65244790@163.com（出版社）
　　　　　fx65133603@163.com（发行部邮购）
经　　销：全国新华书店
印　　刷：天津兴湘印务有限公司

开　　本：670毫米×960毫米　16开
印　　张：7.5
字　　数：68千字
版　　次：2014年12月　第1版
印　　次：2021年9月　第4次印刷

书　　号：978-7-5126-3001-7
定　　价：29.80元

目　录

001

抗日英雄
赵尚志

抗日英雄
小故事

抗日英雄

赵尚志

一、英雄少年

祖国白山黑水间的东北大地，是带有游牧特色的满族发源地，近代又由敢闯关东的内地流浪者开拓，还长期成为俄、日殖民地。深重的民族压迫和地方特点，造就了一批有粗犷性格的英豪，赵尚志就是其中突出的代表。他在拉队伍时屡挫屡起，在酷寒的林海雪原中拼搏多年，成为东北抗日志士的一面旗帜。

1908 年 10 月 26 日，赵尚志生在辽宁省朝阳县（现为朝阳市）喇嘛沟的一个农村家庭，他的父亲希望儿子长大后能有鸿鹄之志，所以为他取了以《庄子》中"贤人尚志"的后两个字为名，希望他长大成为一个正义高尚、大有作为的人。事实上，赵尚志的一生也颇为传奇。

辽宁的朝阳县山峦迭起，风景秀丽，物产丰富，素有"金朝阳"之称。而赵尚志的家乡喇嘛沟，位于朝阳县南部的丘陵地带，是一个十分贫困而又非常偏僻的小山村，交通十分不便，十几处房屋散落在狭长的山沟沟里，彼此之间相隔并不相连，只有一条小河缓缓流过赵尚志的家门前。

19 世纪末到 20 世纪初，是中国社会大动荡、大变革的时期。从辛亥革命推翻清王朝的封建统治，结束了中华民族两千多年的封建帝制，革命浪潮席卷整个中国大地，到袁世凯倒行逆施，恢复帝制，再到帝国主义列强侵华战争，中华民族灾难深重，到处是一片腐败暗淡的景象，中国人民生活在水深火热之中。辽宁朝阳地区的人民也同样如此，官府横征暴敛，兵匪残害百姓，胡作非为，人民饱受剥削压迫之苦，朝阳县就此成了穷山恶水之地，简直是民不聊生。然而，朝阳人民以不畏强暴的精神勇敢地反抗着各种压迫与侵略，曾连续爆发过十几次大规模的民众武装起义，素有"九反朝阳"的说法。

1. 儿时梦想

幼年时候的赵尚志，个头儿比其他小伙伴们要矮小许多，身体也比较瘦弱，但他的胆子却着实比其他小朋友要大得多。上山、爬树、掏鸟蛋、打蛇，没什么事他不敢干。

有一次，他和小伙伴们去村里的一户人家玩儿，院子里有一条大狗。其他小伙伴都很害怕狗，纷纷往后躲，他却一点都不害怕，勇敢地走在最前头，专门充当打狗的。

赵尚志和兄妹们童年时，家里人对他们从来不娇生惯养。赵尚志时常因为过于顽皮，而遭到父亲的训斥。

赵尚志的父亲赵振铎，是当地有名的私塾先生。赵尚志6岁时就开始跟着父亲读书识字，在这里读了三年私塾，后来还上了官学堂，受到了良好的文化熏陶和教育。

赵振铎对子女的管教非常严厉。他一方面教育子女要听从孔子的"非礼勿视，非礼勿听，非礼勿言，非礼勿动"的教导，另一方面又教育子女做人要当仁不让、见义勇为、伸张正义，要爱国家、爱同胞。赵尚志在能够读书识字后，经常喜欢阅读《三国演义》《水浒传》《说岳全传》等小说，他对小说中"路见不平，拔刀相助""除暴安良，劫富济贫"的英雄好汉们十分钦佩，还经常把自己从书里面看来的英雄故事，绘声绘色地讲给小朋友们听。

在少年时代，赵尚志充满了对岳飞、关云长、程咬金等许多血性英豪的崇敬，这使他从小就养成了正义、刚毅的性格。有一次，他和几个小伙伴在一起，谈论着将来干什么。小伙伴中有的说，我家是庄稼人，希望以后吃穿不愁，粮食堆满仓；有的说，长大了想当保长，吃香的喝辣的；还有一个站出来说，将来想要当县长，这样可以管着你们。这时，赵尚志马上揪住他，边打边说："当县长的整天欺负老百姓，我长大就当个打县长的。"

赵尚志一家只依靠着父亲做私塾先生得来的微薄收入勉强维持生计。赵尚志的母亲张效乾勤劳、善良、简朴、敦厚，在经济条件非常拮据的情况下，整日操持家事，照顾着家里11个儿女，可以说是贤妻良母的典范。赵尚志从小受私塾教育，在家里非常懂事、听话，对父母也极为孝顺。

他们住的村子附近有一条美丽的小凌河，河水清澈见底，

就像古代女子的玉带一样，缓缓地漂流。冬天的时候，河水也很少封冻，小凌河里面的鱼味道鲜美，引得人们经常过来捉鱼。

有一次，赵尚志和小伙伴们一起去小凌河捕鱼，不一会儿，大家就都有了自己的收获，伙伴们都急不可待地想尝尝今天的美味，于是纷纷在河边把捉来的鱼全都烤了，香气扑鼻。正当其他人津津有味地享用着自己的战果时，赵尚志却不烤也不吃。小伙伴们都很不明白，就凑过去疑惑地询问他："你捉了鱼怎么不烤着吃呀？你不吃鱼，把鱼弄到哪里去呀？"赵尚志说："我要把这些鱼拿回家给我娘，我娘养我们兄弟姐妹们很不容易，我要把鱼拿回家孝敬她。"

2. 父子相知

赵尚志的父亲赵振铎虽说清末时中过秀才，而且是当地的私塾先生，但为人正直，思想先进，是当地有名的人物。他总跟他的子女、亲友、族人们说："国家兴亡，匹夫有责。"

辛亥革命之后，全国都在搞民主革命，他也不遗余力，提倡新政。袁世凯称帝之后，倒行逆施，举国上下无比愤恨。赵振铎也对当时的政府非常失望，对贪官污吏深恶痛绝。在朝阳地区赵振铎是颇有威望的，他在家乡创办了清乡预备会，被推举为会长，并多次发起清乡自治运动，反对苛捐杂税，严禁赌博、吸食鸦片，兴教育、移风俗，提倡新政，跟当时的政府对着干。这在当地引起了很大的反响，然而，当地警察以扰乱治安为名拘捕了赵振铎，这引得当地群众无比愤慨，千余人力保赵振铎。他们携带着粮食和饭锅去官府请愿，声称政府不放人，他们就在县政府门口支锅做饭，不回家。迫于群众压力，县政府不得不放人。

抗日英雄
赵尚志

1916年，县属姜队官和警察巡官祝殿甲率领十五六个警察闯进了八道沟的长在营子。他们以查禁鸦片为名，殴打村董，收捐诈取钱财。第二天中午，他们在一家杂货店准备吃午饭时，打死了一名清乡会会员。清乡会副会长薛廷斌得知这件事情后，召集大家商议对策，群情激愤，大家一致要求以武力解决。随即，薛廷斌率领数百名清乡会会员包围了此行的县属警察们，与他们展开了激烈的火拼。除姜队官逃得快，其他警察一律被击毙。

赵振铎得知情况赶到后，发现事已至此，就赶紧让民众们撤离交火后的现场，并组织清乡会员们处理了警察的尸体。

但清乡会击毙十几名警察的消息马上就传开了，引得全县为之一震。县署数次"围剿"清乡会，都以失败告终。后来，得到热河特别区都统姜桂题的命令，县长孙廷弼亲自去解散清乡会。孙廷弼驻兵在四大家子，不敢前往，就派了两个得力的手下去劝导赵振铎，要他解散清乡会："只要你下令解散清乡会，县长马上请你进城，供你吃喝，做官还是教书，你随便选。"赵振铎回绝道："你们供我吃喝，能供全县百姓吃喝吗？"当晚，官兵们听闻清乡会要包围驻在四大家子的官兵，当即望风而逃。

三个月下来，县署"围剿"、解散清乡会的计划毫无成效。

入秋后，农忙时节到来，清乡会会员们估计官兵不会再来，就松懈了防范。谁曾想，近500名官兵突然来袭，由于官兵潜入突然、来势凶猛，清乡会毫无准备地被血腥围剿。

赵振铎作为清乡会会长当然是官兵们搜捕的重点对象，赵

尚志的父亲和大哥只好离开家乡去避难。清乡会被打散后，官兵们在附近的村子里大肆地烧杀抢掠。赵振铎家的财物也被洗劫一空，房屋也被烧毁。幸好，母亲带领赵尚志兄妹们躲避及时，才死里逃生。全家人借住在一个亲戚家的马棚里，生活悲苦。

少年时代，赵尚志生活在这种镇压与反抗、血腥与苦难、不安与颠沛流离的环境当中，这也使得他从小就目睹了官府的横征暴敛、压迫与追捕，也目睹了当地群众面对残暴一次次英勇地奋起反抗。父亲的所作所为、所言所行，对赵尚志走上革命之路有着重要的影响。

在赵尚志的成长过程中，他的父母是十分开明的。后来赵尚志走上了革命道路，他们也认为自己的儿子投身革命是献身于正义的事业，在这个国难当头、人民苦难的时代，应该为国为民效力，决不能苟且偷生。

3．童工生涯

1919 年春节后，11 岁的赵尚志和兄弟姐妹们跟随母亲，风尘仆仆地踏上了从朝阳山村到哈尔滨的旅途，去寻找父亲和长兄。

20 世纪初，随着中东铁路的修建，沙俄和其他列强相继涌入，哈尔滨作为东北的中心城市和当时的殖民地，有"东方小巴黎"之称。赵尚志从小山村初次走入这样的大城市，看到林立的楼房、商店、工厂，马路上穿行的汽车，觉得十分新奇。

　　然而，与繁华的城市和城市中车来车往的那些人相比，来到哈尔滨的赵尚志一家，此时的经济情况十分拮据，连维持基本的生活都很困难。赵尚志的父亲赵振铎为了躲避官兵的大肆追捕，更换了姓名，改名为赵致远，去一家面粉厂做了账房先生。为了维持生计，赵尚志兄弟们不得不放弃学业，开始在社会上谋生，与父亲一起挑起养家糊口的生活重任。赵尚志的大哥被迫去苏联当了华工，他的二哥赵尚朴也去了苏联一户人家做了马车夫，这样才勉强维持着全家人的生活。

　　赵尚志在一个白俄老板家里当了个杂役。这时的赵尚志才不过是一个十一二岁的孩子，为了点微薄的工钱，他每天都要起早贪黑地忙碌，清扫院落，劈柴烧火，有干不完的杂活儿。每天只能睡在地板上，吃用麦麸子做的干粮，而麦麸子通常是用来喂牲口的。白俄老板对赵尚志向来很苛刻，总是指责他这里干得不好，那里干得也不好，平时有什么不顺心的事，就对赵尚志大发雷霆，把怒气发泄在这个年幼的童工身上。在白俄老板家过了半年忍气吞声的日子，倔强的赵尚志终于无法忍受这种非人的虐待，他对哥哥说："老板是人，我也是人，我为什么要受这份窝囊气？"于是就愤恨地离开了。

　　赵尚志也在哈尔滨一家银匠铺子当过学徒，说是学徒，其实就是杂役。因为银匠师傅从来不让他学手艺，师傅做手艺时从来不让他看见，成天就是让他干些粗杂活儿。赵尚志想要偷偷学习做手艺，却常常遭到师傅严厉的责骂。一段时间过后，赵尚志对自己的学徒生活感到很失望，决意离开银匠铺子。此后他曾跟随二哥卖过面粉、月饼、烧饼。哥俩搞的是小本生意，又不谙赚钱之道。由于买东西的都是穷苦百姓，买不了多少，他们却经常是足秤之后又抓上一把，这样一来，卖东西连送带丢，不久，这个小本生意就赔得支撑不下去了。

　　在赵尚志 15 岁时，父亲托人把儿子介绍到了华俄道胜银行哈尔滨分行道里支行做信差。华俄道胜银行是帝国主义列强在哈尔滨开设的第一家外国银行，通过发行纸币、吸取存款、操纵资金来实现对外资本输出，这是沙俄对我国实现经济侵略的重要手段。

赵尚志在华俄道胜银行支行工作的日子里，经常往来于道里支行和华俄道胜银行哈尔滨分行之间，主要负责公文、书信、传票的领取与递送。在这期间，他广泛地接触到社会各个阶层，见识到了白俄的奢华生活，而自己作为一个银行的小信差，常常因身份卑微而遭人冷眼、受尽欺辱，同时他也体验到生活在水深火热之中的国内百姓的凄苦。他对这个不平等的黑暗社会充满了强烈的不满，这为他以后参加革命播下了心灵的种子。

赵尚志不想这样蹉跎自己的一生，不平等的处境激发了他强烈的求知欲望。为了改变命运、获得自身的解放，在工作之余，他四处收罗各种书籍，开始自学读书，有向银行的图书馆借的书，有向伙伴们借的书。上中学后，赵尚志曾和一位同学讲起自己在银行打工时自学读书的事："我当时觉得只有读书才能出人头地，于是我就自己读书。当然，我那个时候的知识还没有告诉我，读书的真正效能并不完全在这一点上。"

4. 爱管闲事

赵尚志在童年时代就饱受了生活的艰辛，然而艰难的遭遇，却使他养成了爱说、爱动、倔强、正直的性格。他想学习三国水浒当中的英雄豪杰们，见到不公正的事情就想打抱不平。

有一天，赵尚志去市里面的集市上卖烧饼，只见一大群人围在一起，想来是发生了什么事情。他好奇地凑上去，想看个究竟。原来是一个商店掌柜的在和一个卖柴的人吵架，正争得面红耳赤。商店掌柜想买这车柴火，但只给出很低的价钱，卖柴人当然不愿意，执意不卖。商店掌柜没把卖柴的放在眼里，硬说这卖柴人想讹他。两人你一句，我一句就争吵起来。

　　围观的人们都只顾在一旁看热闹，没有人劝解，赵尚志却不愿袖手旁观。他挤进人群，搞清楚事情真相之后，冲着商店掌柜说："买卖不成仁义在，何必争争吵吵？你给价太低，人家不卖，怎么倒说是人家讹你呢？"他建议商店掌柜再多出些钱，卖柴火的再降点价。结果，这桩买卖在他的撮合下成交了，一场街头风波也平息了。这时，围着看热闹的人们开始夸奖他，虽然年纪小，却热心而有胆量，还能讲出一番道理，把事情给摆平了，真是不简单，纷纷向他投去赞赏的目光。

二、走向革命洪流

1. 就读许公中学

几年的童工生活让赵尚志深深体会到被人欺辱、遭人冷眼的滋味，同时也看尽了国内百姓生存境况的悲苦与凄惨。他对这个社会已经有了粗浅的认识，并敏锐地认识到，只有多读书，才能改变自身的命运，才能拯救受苦受难的广大人民群众。

1925 年初，哈尔滨《晨光》报连续好几天登载了"哈尔滨东铁许公纪念实业学校招收补习生"的公告，声称这所学校的宗旨在于培养本路中级技师及工业大学升学学生，凡是 18 岁以下高小毕业或有同等学力的都可以报考。许公纪念实业学校是 1925 年为纪念中东铁路第一任督办许景澄而建的，简称为许公中学。学校是一座两面临街的俄式二层楼房，狭窄的两侧是学生宿舍和教室，楼房后面有学校操场。校长是熊崇煦，湖南人。办学之初，只招收百余位学生。

赵尚志看到《晨光》报上面的这则消息后，立马意识到这则公告仿佛是为自己而发的。他当即决定放弃华俄道胜银行信差的职务，参加补习，准备考试。可是，此时赵尚志家里仍然很拮据，他开始担忧，不知道家里人是否会支持他去读书。他忐忑地把自己想要去中学读书的意愿告知父母，没想到他的这一决定竟然得到了思想开明的父母亲的爽快赞同，学费将由正在打工的大哥资助。的确，这所学校对于赵尚志来说是非常合适的。一方面，学校招收的学生对象文化水准和他的实际水平相差无几；另一方面，到苏联打工的大哥使得家里的经济条件有了一定的好转，家里算是供得起他；第三方面，这是一所新型学校，学生既能在学习中掌握技术知识，也可以继续深造。

于是，他开始集中精力，全力以赴地认真复习算术、国文等几门功课。经过几个月刻苦勤奋的努力，赵尚志顺利通过了许公中学的入学考试，如愿升入中学一班，成为许公中学第一届的学生。

赵尚志对这个来之不易的读书机会格外珍惜。在学习方面，他总是非常努力和用心，学习成绩优异，得到同学和老师们的一致认可。然而，一段时间之后，赵尚志对老师枯燥的教学感到了厌倦和失望，开始怀疑自己所学知识的实用性，一度陷入了苦闷与彷徨之中。赵尚志有三个好朋友，吴安国、张儒林、张选青，他们既是同班也同住一个寝室，几乎形影不离，关系十分要好，也都在为摆脱这种现实的苦闷而寻找出路。

当时，中国共产党哈尔滨支部已成立，正积极宣传马克思主义思想和开展反帝反封建斗争。赵尚志和同学们开始关心时事，经常在一起对社会政治问题展开热烈的讨论，发表自己的看法。而赵尚志凭着丰富的知识积累、广泛的课外阅读和社会阅历，在同学中间有着非常高的威望，无论是讲到历史英雄豪杰，还是讲到时下敏感的社会政治问题，他都能滔滔不绝地讲出一番自己的见解。

　　他们也热衷于当时的进步书刊《晨报》《拓荒者》《现代学生》等，还向学校提出倡议，成立了"文学研究会"，得到了校长的赞同。这个文学研究会实际上是一个读书会。赵尚志宿舍有一个书架，陈列着他从校外得来的进步书刊，同学们经常向他借阅。一些同学看书达到了痴迷的程度。有一次上课，赵尚志的好朋友吴安国正低着头在课桌下津津有味地看书，老师看到他没有听课，非常生气，问他在看什么，让他把桌子下面的书交出来。吴安国站在那里不知所措，同学们也非常紧张。就在这个时候，赵尚志走到吴安国跟前，掏出了他桌子底下的《三国演义》，对老师说："这本书是我借给他的。"老师接过书，狠狠地批评了吴安国一通，说以后不准上课的时候看这种课外读物。事实上，吴安国看的是同学们正在传看的孙中山先生的书。因为知道吴安国桌底经常放有一本《三国演义》，所以，赵尚志急中生智用这本书替吴安国解了围，同学们也替他擦了把汗。

2. 置身革命浪潮

赵尚志入学后不久，五卅爱国运动就在上海爆发了。1925年5月，上海的日商内外棉七厂以存纱不足为由关闭了工厂，并且拒绝给工人发工资。中国共产党党员顾正红带头，要求日商资本家给工人们开工资，却不幸遭到了上海纱厂日本人的开枪扫射，顾正红牺牲，死伤工人有十余人。这迅速引发了上海工人大罢工。30日，中共党组织发动群众在上海租界举行了大规模的反帝爱国的游行示威，包括上海工人、学生等各个社会阶层2000多人，在上海公共租界内散发反对帝国主义行径的传单、开展反帝爱国的演讲，揭露了帝国主义枪杀工人、逮捕学生的严重罪行。不料，租界当局竟对参加游行的爱国学生进行了大肆地镇压与拘捕。愤怒的群众高呼"上海是中国人的上海""打倒帝国主义""收回外国租界"等口号，要求立即释放被拘捕的学生。令人心痛的是，英国捕头爱伏生竟然调集了通班巡捕，对手无寸铁的工人和学生们进行了长时间无情的扫射，从而制造了震惊中外、惨无人道的"五卅惨案"。

"五卅惨案"引发了我国近现代史上最激烈的反帝爱国运

动，愤怒的情绪席卷全国，很快，全国各地的工人、学生及工商业者等各个社会阶层的群众，都进行了罢工、罢课等抵抗运动，纷纷抗议帝国主义的野蛮罪行。深受帝国主义侵略之苦的东北群众的反抗斗争虽然遭到反动军阀的严密控制和压制，但当五卅惨案的消息传到东北后，哈尔滨也积极响应和声援全国反帝爱国运动，学生、工人、商界、市民纷纷上街集会抗议、声援。哈尔滨《晨光》报曾对当时的反帝爱国运动进行了报道："民众莫不发指欲裂"，"皆以雪耻为救国劲援"。哈尔滨同时还成立了救国后援会，声援和捐助上海工人和学生。

从小胆大、机敏、正义、勇敢的赵尚志，也提早经受了社会最底层的磨炼，这一切都造就了一个比同龄人更成熟、独立的赵尚志。中学读书期间，在响应哈尔滨救国后援会募捐而进行的学校代表大会中，赵尚志作为许公中学的学生代表参加了会议。回校后，他号召同学们节约生活费用，鼓励大家拿出自己的零用钱，踊跃捐款，来支援上海的工人和学生运动。在声援五卅斗争期间，赵尚志向党组织提出了加入中国共产党的请求，殷切地期望能够成为组织的光荣一员。不久，赵尚志由中共哈尔滨支部负责青年工作的彭守朴介绍，加入了中国共产党。此后，他更加积极地投身于政治活动。

为普及反帝爱国精神、推动学生爱国运动，赵尚志根据党组织的指示，开始着手广泛开展学生爱国运动。一天，放学铃声响后，赵尚志组织了十几名思想先进的同学，在学校附近的广场上召开许公中学学生自治会成立的筹备工作会议。同学们围坐在一起，赵尚志向大家讲述了"五卅惨案"的具体情况，以及惨案爆发后全国各地各阶层人士抗议帝国主义和声援上海的运动。他说："这些事先起来干的就是一些学生，知识分子应该领头唤起老百姓，反对外国人欺负我们中国人……我们一定要组织一个学生会，不然的话，就不会有力量。"同学们听得精神振奋，认为赵尚志的话说得非常有道理，都同意成立许公中学学生会。赵尚志被推举为副会长，兼任交际股长，负责联络其他学校的学生一同响应五卅斗争。

1925 年 6 月，哈尔滨《晨光》报以《学生爱国》为题的一篇报道中这样写道："中俄工业大学、省直六中、广益、东

华、三育、普育、许公……各校，已实行募捐，并连成一气，通电全国，表示作外交后盾。"赵尚志和本校同学、工业大学等学校的学生一起走上街头、散发传单、开展爱国演讲、进行游行示威活动，揭露帝国主义引发的"五卅惨案"的真相，声讨他们在中国枪杀我国同胞犯下的罪行。学生运动带动了哈尔滨当地的工人、市民等各阶层群众，他们也纷纷组织募捐、积极声援上海人民，上街游行示威，高呼"打倒帝国主义""废除一切不平等条约，收回治外法权""各界同胞联合起来，采取一致行动，不达目的誓不罢休"等口号。

五卅运动期间，赵尚志积极参加声讨和反帝斗争，在革命斗争的实践中得到了考验和锻炼，思想觉悟也得到了很大的提升。在带动广大学生和群众开展反帝爱国运动的过程中，他开始坚信一个没有侵略、剥削、压迫的新中国必将实现。

面对五卅运动日益高涨的热潮，哈尔滨行政当局害怕爱国运动演变成大规模的过激行为，于是，以天气炎热为借口，通知各学校提前放暑假。但暑假过后，学生们爱国斗争的热情仍然不减。当局展开对学生运动"防过激"的镇压，许公中学校长熊崇煦也被命令镇压本校的学生运动，并明令惩治赵尚志，杀一儆百。结果学校以"旷课太多，请假未批准，擅自离校"为由将赵尚志和他的同学张道庸从许公中学开除。熊校长向来主张"读书救国"，反对学生从事政治活动，因此，被学校开除，赵尚志一点都不意外，他知道自己在学校频繁发起学生爱国运动，早已成为校长眼中的异端。然而，赵尚志在同学们心中的形象却日益高大起来。

3. 投考黄埔军校

当许公中学把赵尚志驱逐出门时，黄埔军校却为他打开了一道崭新的大门。当时，黄埔军校第四期正在招生，中共中央通知各地党组织选送优秀党团员和进步青年参加黄埔军校的入学考试："广州黄埔军校拟招收3000名入伍生，望各地速速多送工作不甚重要之同学、少校同学及民校左派同学，自备物资，前往广州投考。"

黄埔军校是黄埔军官学校的简称，是第一次国共合作的产物，也是那个革命浪潮此起彼伏的时代里，最引人瞩目的学校。学校以纪律严明、组织严密、制度健全、规模宏大而著称，是千千万有志于革命的青年们所向往的学校。

赵尚志被许公中学开除后并没有直接回家，得知黄埔军校招生的消息后，他万分激动。他曾阅读过黄埔军校的校刊，了解到黄埔军校是革命的大熔炉，也是大革命的策源地，没想到现在竟然有机会可以去那里学习，他立即向党组织提出了报考黄埔军校的请求，党支部负责人经过认真考虑后，认为赵尚志是一个富有革命热情、勇敢坚毅、朝气蓬勃的青年，经过一定的培养一定能够成为一个有为青年，文化程度方面也符合学校要求，于是同意他去报考。在得到党组织的同意后，赵尚志和同学张道庸登上南下的火车，一同奔赴广州，去投考黄埔军校。

到达广州后，二人直奔黄埔军校的所在地长洲岛。没曾想，他们来晚了，军校入伍招生考试已经结束。两颗满腔热忱的心一落千丈，充满了失望。

但他们并没有就此放弃。赵尚志对张道庸说："不行，我们得想办法进这所学校，不能错失这样的好机会，也不能这样白跑一趟啊！"于是，两人天天去黄埔军校"磨"，希望有机会参加补考，而且"赖皮"地说，不答应就不走。结果，这招还真奏效了。学校被这两个少年从军的决心和毅力所感动，终于批准专门为他俩举行了单独的补考。

按照黄埔军校的规定，考生需要参加三项测试，包括学力测试、性格测试、体格测试。学力测试是考验学生的文化水平，性格测试是对学生是否了解三民主义以及其品格、志趣的考察；体格测试，顾名思义，就是对考生身体素质的考察。赵尚志和张道庸也不能例外，需要参加这三项严格的测试。张道庸顺利通过了三项测试。赵尚志在学历测试和性格测试两项上也顺利过关，却卡在了体能测试上，原因在于他生来身体矮小，体质一般，身高和体重都没有达到要求。

这下赵尚志可急了，心想，不能被卡在自己客观的身高体重上啊。于是，他向体检军官争取说："我是东北来的，是来干革命的。你们不要我，难道打军阀、反帝国主义，还嫌人多吗？"

体检军官说："不是人多人少的问题，而是你的体格太差了。"

"体格差是天生的，没有办法。但我能经得起考验，要是当学生不行，那我就替你们摇铃、打钟，当个听差总是可以的吧？"

体检军官还是不肯答应。

"俺大老远跑到这里来，就是冲着黄埔军校来的，你现在不要俺，让俺去哪里？反正俺现在是没钱了，也回不去了。俺就不走了，就在这里吃军饷了！"赵尚志又开始"耍赖"了。

这时，走过来一位军校政治部的军官，搞清楚情况后，被这个东北小伙儿的革命热情和韧劲感动，看到赵尚志投考黄埔军校的决心如此之大，就对体检军官说："让他留下吧！"

赵尚志终于被破格录取了，他和张道庸一起作为第四期的入伍生在黄埔军校学习。

有机会进入军校学习只是一个开始。要知道这样一个严格而优秀的学校，无论是在学校管理方面，还是在学生训练方面，都是相当紧张而艰苦的。

当时，南方的反帝反封建运动正轰轰烈烈地展开，为了适应革命浪潮的需要，培养大批有坚定的革命意志、扎实的革命理论和丰富的军事知识的革命人才，军校所开设的科目非常多，而且采取了短期训练的方式，因此，学习和军事训练都非常紧张。

赵尚志由于入学晚，落下了一些课程，外加他体质较差，在军事术科如骑马等野外训练方面总是落在其他同学的后面。但他不甘落后，利用休息时间来补上落下的学习课程，在别人已经休息的时候，也总能在训练场上看到他倔强、不服输的身影。他曾对妹妹说，黄埔军校的生活十分紧张，吃饭也必须在十分钟内完成。他的努力和汗水，同学们和教官都看在眼里，最后他用成绩证明了自己，赢得了同学和教官的赞赏。除了紧张的功课学习和严格的军事训练，赵尚志还接受了革命教育，学习了新三民主义的政策。

1926年5月，蒋介石提出整理党务案，国民党反动派开展了大规模排斥左派势力和共产党的活动，军校内也必须贯彻国民党反动派的这一指示，表明学生的党籍，不准跨党。作为共产党员的赵尚志，只能在组织的安排下离开黄埔军校，返回哈尔滨。

赵尚志在黄埔军校虽未毕业，但火热的军校生活给他留下了太多美好回忆。同时，学习经历虽然短暂，但对于赵尚志的军事生涯来说，意义却是非比寻常的。这段经历为他积累了系统的军事理论知识，培养了过硬的军事作战能力，同时，他对政治理论也有了进一步的理解与独到的见解，为他以后在东北抗日战场上开展革命斗争并演绎出一段段传奇，奠定了坚实的基础。

4. 重返哈尔滨

1926 年夏天，赵尚志结束了在黄埔军校的学习，返回哈尔滨。这个时候的东北已不再是他离开时的局势，此时，奉系军阀中郭松龄与冯玉祥的国民军联合，成立了东北国民军。国民军在反抗张作霖勾结日本帝国主义的斗争中遭到失败；同时，国民党与共产党两党之间的矛盾日益浮现出来，因此，这里没有南方如火如荼的革命景象，而是充满了令人窒息的沉闷气氛。

赵尚志回到东北后还没来得及在家好好休息，就直奔中共哈尔滨组织的所在地，此时的负责人是吴丽石。赵尚志向组织详细地汇报了自己在军校时期的学习、生活和训练情况，吴丽石也向赵尚志介绍了当时哈尔滨革命斗争的情况。原来，在五卅运动之后，中共哈尔滨特支已经改组为中共哈尔滨地委，吴丽石任地委书记，在地委领导下，哈尔滨、吉林、长春、中东路沿线横道河子、五站等多处地方建立了党的支部。但是，共产党员的革命斗争活动却屡屡遭到反动势力的残酷镇压。

当时，东北地区国共两党的合作还没有破裂，两党工作都处于地下。根据指示，共产党员可以跨党加入国民党，通过宣传国共统一战线的革命活动，进一步开展反帝反封建斗争，所以，共产党员常常以国民党的名义开展各种斗争活动。中共哈尔滨地委希望利用国共合作的机会，在长春筹建国民党吉林省党部，进一步推动东北地区的革命斗争。中共哈尔滨地委把这个艰巨的任务交给了赵尚志和韩守本。

1927年2月，关于成立吉林省国民党党部的会议在长春秘密召开，与会的有共产党员韩守本、赵尚志和国民党员董海平等十余人，他们秘密聚集在一家客栈，会议宣布吉林省国民党党部正式成立，董海平担任负责人，韩守本担任宣传部部长，赵尚志担任青年部长。然而，不久国民党内部就发生了分化，右派分子公然背叛了孙中山先生的三民主义，也开始处处限制和镇压共产党人的活动。

新成立的吉林省国民党党部的印章一直被国民党负责人董海平把持，不允许韩守本和赵尚志等共产党员使用。赵尚志和韩守本商量后决定重新刻一枚党部印章，以方便活动的开展。于是，他们找到一家日本人开的近江书店，请那里的刻字工人重新刻了一枚党部印章。却没料到，地处日租界的近江书店是特务、间谍经常出没的地方。由于书店的日本老板告密，韩守本和赵尚志在书店刻党部印章一事很快就被长春警察署和宪兵团发现，警察和宪兵突袭了韩守本和赵尚志的住处，将两人逮捕，并搜出了新刻的党部印章。

5. 勇敢陪决

韩守本和赵尚志被捕后被关押在长春警察署的看守所。

紧接着，警察厅对两人进行了审讯。

"你是不是共产党派到长春的赤化分子？"审讯科长谯金声逼问赵尚志。

"我是国民党员，不是共产党员。"赵尚志果断而冷静地回答。

审讯的警察恐吓赵尚志，要是不从实招来，那他将不得不忍受严酷的拷打与折磨，最终也免不了一死。

赵尚志并没有被敌人的威胁吓倒，他坚决否认自己是共产党员。

督察长问："那你信仰什么主义？"

"我向来赞赏孙中山先生的三民主义。"赵尚志镇定地说。

虽然赵尚志和韩守本都坚决否认自己是共产党员，但他们还是作为共产党嫌疑犯被移交给吉林督军公署军法处审理，并被关押在吉林第一监狱。

第一监狱守卫森严，阴森恐怖，军法处曾多次提审赵尚志，他经受了严峻的考验。在一次提审中，审讯官利用高压讯问的手段，手持刑具的狱吏官向他靠近，并威胁性地对他怒吼道："快点老实交代吧！免得受皮肉之苦！"赵尚志看破了对方是想用恐吓威胁的方式逼他招供，他没有屈服。无论敌人用皮鞭棍棒抽打、用老虎凳上刑、往指甲缝里插竹签等常人难以忍受的酷刑折磨他，还是采取利诱哄骗的方式，赵尚志始终坚称自己是国民党员，没有暴露共产党员的身份。

虽然军法处的审讯官始终认定赵尚志和韩守本是共产党员，但由于没有充分的证据，案子搁置了一段时间，但是敌人并不甘心就此罢休。有一天，法警把赵尚志、韩守本和三个土匪一起押往刑场。赵尚志知道，看来是难逃一死了，但他坚持表现得镇定、从容。在刑场上，法警命令他跪下，赵尚志却无所畏惧地说："老子不跪，站着死。"只见他昂首挺胸，双眼凝视前方，一副大义凛然、慷慨赴死的模样。枪响后，三个土匪倒地而死，赵尚志和韩守本依然直挺挺地站着。原来，敌人并没有要枪决他俩，而是要枪毙那三个土匪，让他俩陪决，吓唬吓唬他俩，让他们招出实情。

　　看到赵尚志和韩守本被重新押解回监狱，狱中的犯人们都喊道："还以为你俩去鬼城了！"赵尚志说："阎王爷现在还不想收留我们，所以让我们先回来了！"韩守本说："这回算是尝着死的滋味儿了，以后当真是再也不怕死了。"两人被当作重要政治犯，脚上戴着沉重的脚镣，监狱门上写着"赤化分子"的牌子，被严密看守着。

　　一天，赵尚志所在的监狱里被关进两个白俄犯人，这两个人嚣张跋扈，非常专横。赵尚志看到这两人，就想起了自己从家乡刚刚来到哈尔滨时在白俄老板那儿当杂役时屡遭虐待的情景。一次，白俄犯人无缘无故殴打了韩守本，见此情形，赵尚志怒不可遏，想到为什么中国人无论在什么地方都要收到外国人的欺负，难道在监狱里他们也要摆出一副趾高气扬、高人一等的样子？于是，他决心找机会压压他们的威风，惩治他们一翻。于是，赵尚志联合其他犯人跟两个白俄犯人展开了一场武斗，把他们狠狠揍了一顿。两个白俄犯人被揍得鼻青脸肿，向他们连连拱手求饶，再也不敢欺负中国人了。

　　还有一次，赵尚志和其他犯人要求罢免典狱长，展开了绝食斗争。典狱长是监狱的最高行政长官，而第一监狱的这个典狱长是个蛇蝎心肠、残害革命志士的老手，还克扣囚粮、虐待犯人、纵容狱吏从犯人身上捞取外快。监狱里的伙食恶劣到了极点，环境阴暗潮湿，空气浑浊污秽，难友们忍受着极其残酷的精神和肉体摧残。难友们先去做看守的工作，让他们同情大家提出的改善待遇的要求。随后，他们得知，省检察厅长要来监狱巡视。于是，大家决定利用这个机会进行绝食抗议。赵尚志带头向检察长控诉了典狱长的种种罪行，提出更换典狱长、保障犯人合法权益、改善监狱生活条件等要求，大家表示不答应条件就绝食到底。最后各个监号的犯人们联合起来采取了一致行动，全体绝食。紧接着，监狱看守们也罢工了，也要求改善犯人待遇，不然犯人经常闹事，很难管理。最后，事情越闹越大，典狱长坐立不安，如同热锅上的蚂蚁。当局为了平息这起令人头疼的事件，不得不将典狱长撤职，并答应了犯人们提出的各项要求。

抗日英雄小故事

6. 策反"教诲师"

当时在许多监狱都有这样一种"教诲"犯人的手段，那就是每周定期给"犯人们"上"教诲课"，意在感化和教育在监的犯人，让他们"改邪归正"，当"顺民"，尤其是对政治犯，这在吉林省监狱也不例外。因为政治犯经常是软硬不吃，敌人就向他们宣传安分守己的思想，以消磨和击退他们的革命斗志。

赵尚志被关押在吉林省第一监狱的这段时间，新来了一个叫刘树屏的"教诲师"，负责给赵尚志等这群政治犯上"教诲课"。在一段时间的上课和私下的接触后，赵尚志发觉这是一个很有正义感的人，事实上，他自己也常常被革命英雄的英勇事迹和大无畏的精神所感动。

　　在一次"教诲课"上，刘树屏教育、引导"犯人们"要安分守己，不让父母操心，不然的话有失人子之道，还说每个人都想要管国家大事，那天下怎么太平？赵尚志发问道："我想提三个问题，我们反对帝国主义犯的是什么罪？中国人爱中国犯的是什么罪？军阀无故抓人投到监狱里犯不犯罪？"刘树屏觉得这个人说的话很有道理，顿时被赵尚志这种忧国忧民的爱国热情所感动，所以一下子什么也答不上来。

　　此后，赵尚志经常以请教问题的名义去"教诲师"的办公室。在频繁的接触中，赵尚志经常向刘树屏讲个人要爱国、要反对帝国主义的道理，讲如今只能投身革命才能救国。经过一段时间思想感情的交流，这个新来的"教诲师"非但没有将学生们的思想引向所谓的"正轨"，反而在赵尚志的教育与影响之下改变了他原来的思想，认识到自己在这里做"教诲师"简直是在助纣为虐，充当反动派的帮凶。他逐渐开始理解和赞赏革命者的斗争，并慢慢走向了革命的道路。就这样，两个人交上了朋友。刘树屏还利用自己的身份多次掩护共产党员们在监狱中的活动。出狱后，赵尚志还介绍刘树屏加入了中国共产党，成为共产党在敌人监狱中的地下工作者。

7. 关心难友

1928 年冬天，赵尚志和韩守本仍被怀疑为共产党而关在监狱。当时的赵尚志每天只穿着一件薄薄的棉袍，还坚持在零下二十多度的监狱甬道上踱步。尽管被冻得直打冷战、流清鼻涕，当别人问及他冷不，他还是回答说不冷。此时，他满脑子装的都是外强入侵、军阀混战、国难当头、百姓遭殃的大事。

当家人得知赵尚志被捕的消息之后，尤其是得知监狱的生活环境如此恶劣，都十分心疼和惦念他，于是就花钱走动，贿赂狱吏，让他住进优待号。二兄赵尚朴为了营救弟弟，曾多方恳求社会上层人士和新到的东北整理党务案的国民党人张慧民。赵尚志得知后，很不开心。他说自由从来不是乞求来的，向他们恳求什么呢！

赵尚志的妹妹尚英去吉林女中读书，有机会探望狱中的哥哥。当她隔着铁丝网看到身体瘦削、形容憔悴的哥哥，脚上还戴着脚镣，哗啦哗啦地响着，情不自禁地哭了起来。赵尚志却笑着劝妹妹："我这不是好好地活着么！"他让妹妹告诉家中二老，不用惦念，自己一定会回家的。

抗日英雄
赵尚志

　　赵尚志在监狱里对革命同志也十分关心。中共东满区委书记周东郊被捕，正好关押在赵尚志所在的监狱，赵尚志关切地询问他，主动向他介绍监狱里的情况，而且还叮嘱他，不要用钱贿赂那些狱吏们。他说："这群吃人的鬼只要在你身上尝到一点甜头就不会罢休。以后遇到一点小事，你要是不掏钱，他就肯定不会帮你办。鬼和人不同，你要是和他妥协一次，他就要永远缠着你了。"他还总是鼓励监狱里的难友们，接受审讯时要镇定，咬紧牙关挺住一切刑讯逼供，永远不要向敌人屈服，还向大家分享自己在狱中的经验，比如说，如何对付官司、如何戴着脚镣穿脱裤子，跟大家分享自己拥有的小说、诗词等书籍，以此来解脱狱中的苦闷。

当时有个冒充军官的地主少爷和赵尚志住连铺，他们俩在一起吃，饭菜都是由赵尚志去做。赵尚志无论是生活方面还是在精神思想方面都对这个地主少爷进行帮助教育，引导他走上正路。这个地主少爷在赵尚志的帮助下不仅渐渐懂得了做人的道理，还和赵尚志成了朋友。地主少爷出狱后不久来探望赵尚志，赵尚志把十几册心爱的书籍全部交给了他，让他好好阅读，从中汲取教益。

8. 除夕泼肉

1929 年 2 月 9 日是农历腊月三十，除夕之夜，难友们听到监狱外面隐隐约约传来了噼里啪啦的鞭炮声，不免开始思念亲人，思念家乡，不约而同地谈到了"每逢佳节倍思亲"的话题。赵尚志发表了不一样的见解，他说："这句古话有它一定的道理，但也不尽然。有的人纵然佳节当前，也未必想念他乡的亲人和故乡。而像我这样的'亡命之徒'，管他什么三十晚上、大年初一呢，我从来都没有想念过往日的欢乐。如果你心里有理想，有为理想豁出生命的决心，就不会顾盼什么亲故了。刘皇叔叹的是髀肉复生，杜子美忧的是黎民百姓，大丈夫当别有所怀。"在这个除夕的夜晚，赵尚志把监狱里给的一碗肉泼在了甬道上。

春节后，和赵尚志同一个牢房的排字工人霍哲文和中共东满区委书记周东郊经过审讯后被释放。霍哲文对他们两个人说："在这样的社会活着真是闷人，怪不得你们这些人有福不享找罪受呢！"赵尚志对他说："我们不是有福不享，天底下没有福可享的人太多了。罪也不是我们愿意找的！受罪的人和被罪找上的人，有一天会懂得唯有推翻这折磨人、让人受罪的东西——这就是革命吧，才有真正的福可享啊！这可不是有高官厚禄可以享受，娇妻美妾可以享受，而是为了人人都能过上享福的、不发闷的日子。"他还对这个青年说："记住我的话，也许你才不会虚度以后的岁月。"

春节后，国民党南京政府要求将赵尚志、韩守本移交到国府司法行政部处理，并即刻将二人押解到南京。《盛京时报》曾就此发表消息《共产党首领解京》："宪兵司令部侦缉处之抗前曾拿获共产党首领赵尚志、韩守本两名，有宣传赤化证品多件，经当局电请国府如何处理，旋奉国府复令解京究办。当局特饬陈司令派宪兵九名押解赴京究办云。"临行前，赵尚志把自己的被褥、狍皮和其他生活用品都送给了监狱的难友们。在南京的审讯中，他们仍然只承认自己是因牵涉国民党案而被捕的，说自己是坚定的孙中山和三民主义的信徒，没有暴露自己共产党员的身份和党内的机密，最后两人也得以开释。

两人离开了阴森幽暗的监狱，此时正是五月底，南京天气已经渐渐热起来了。然而，刚从监狱出来的赵尚志和韩守本还穿着冬衣，走在路上的他们身无分文又饥肠辘辘。于是，他们给国民党中央组织部写信，"唯此时夏着冬装，复破烂不堪，且手无分文，已告枵腹……恳急予救济，以维生活。"获得救助资金后，两人如愿用这笔钱作为北上的路费，返回了东北，继续开展革命斗争。

9. 再陷囹圄

赵尚志回到东北后听从组织的安排，在哈尔滨县委负责青年运动，后来又调到满洲省委工作。1929 年年底，赵尚志和其他两位同志受中共满洲省委书记刘少奇同志的派遣，去上海参加团中央训练班和党中央高级训练班，在那里学习了一段时间。直到 1930 年 3 月结束学习之后，他们才在上海乘坐日本轮船"奉天丸"返回到东北。

不久，满洲党委根据中央七十一号通告中关于组织"五一"全国示威游行行动的总精神，做出了"'五一'工作决议"，要求 5 月 1 日这一天，满洲党团组织要积极组织广大群众游行示威，在哈尔滨、奉天、抚顺、大连等地展开政治罢工和示威。

1930 年 4 月，奉天国民外交协会在奉天商会会场举办了第十二次外交常识演讲大赛，当时邀请了王金川，准备讲演《游欧洲所见及各国对中国的观念》。得知此消息后，满洲省委决定组织反帝大同盟去破坏这次演讲，由赵尚志伺机夺取讲坛。会场挤满了人，赵尚志就坐在第一排中间最靠近讲台的地方。当王金川正要开讲的时候，赵尚志突然站起来质问道："外交协会对在上海的英国士兵杀害中国学生的事情为什么不表示态度？"接着他迅速夺取讲坛，站在凳子上慷慨激昂地向听众进行反帝爱国宣传，表示要反对近期在上海发生的英国士兵杀害中国学生的事情，大家听着一阵欢呼。楼上楼下在场的党团人群都振臂齐呼"打倒帝国主义""打到外交协会"，呼喊声、鼓掌声交织成一片。此时会议主席已经暗中报告了宪兵队，散会的时候，身着便衣的宪兵侦缉队侦探将赵尚志等人逮捕，押解到宪兵司令部侦缉处。

由于同时被逮捕的反帝大同盟党团书记杜兰廷和陈尚哲叛变，供出了反帝同盟会和党团省委所在地及党团同志们的姓名。紧接着，两三天时间，宪兵侦缉队的人便逮捕了反帝大同盟会员和党团省委同志三十余人，大大破坏了满洲党团省委组织。同时，宪兵侦缉队在工厂、大学、中学均展开大肆搜查和逮捕，整个地区陷入了一片白色恐怖之中。

赵尚志此时已经被拘留，并在刚刚被捕的短短三天内被审讯了四次。在第四次审讯中，侦缉处处长亲自出马。赵尚志看到他正襟危坐、摆出一副威严凶恶的样子，轻蔑地问："你是什么人？"

"我就是宪兵队侦缉处的处长雷恒成。"

"你是什么东西，不过是军阀的走狗，你根本没有资格来审问我！"赵尚志毫不畏惧地说道。

雷恒成听到赵尚志的大胆辱骂，恼羞成怒，吼道："你宣传赤化，对党国不忠……"

"你呢？你分明就是走狗，刽子手，你对党国忠诚？孙中山先生的朋友、国民党中央执委李大钊同志不就是你逮捕、迫害的吗？"赵尚志反唇相讥。

雷恒成露出了凶恶的嘴脸，不由分说把赵尚志推倒在地上，一阵毒打，还强迫他跪捕板，给他压杠子。赵尚志仍然不肯低头而且毫无畏惧，他被折磨得好几次昏死过去，又被敌人用凉水泼醒。侦缉处处长以为凭着自己多年审讯各种犯人的经验，一定可以制服这小子。没想到，赵尚志宁死不屈，还满口骂他是"走狗""刽子手"，真是碰到了一颗硬钉子。当赵尚志一瘸一拐回到拘留室，就连看守都对他很是佩服。

后来，宪兵司令部又开始对"反帝大同盟党案"进行复审。复审时宪兵司令陈兴亚亲自处理，到场的还有侦缉处处长雷恒成等人，叛徒杜兰廷和陈尚哲也被拉过去听审。侦缉处对被逮捕的这些人进行初审时，虽然他们都在供词上签了字，但都是被侦缉处刑讯逼供，不得已才签字的。所以复审时，大家都异口同声地说，初审时的供词不能作数。

司令陈兴亚说："供词上明明有你们的指纹，怎么能抵赖？"

赵尚志指着在场的雷恒成说："初审的那些供词都是侦缉处用严刑逼供出来的，指纹也是当时被他们强迫按上去的，你难道不清楚这些吗？在这种情况下产生的供词有法律效应吗？"

说到这里，在场参与审讯的人员都无话可说。司令陈兴亚则十分恼火，气急败坏地说："反帝大同盟是反帝党，反帝党就是共产党。"顺着他的话，审讯人员逼着他们承认自己就是共产党，还把党内的叛徒拉出来指证。但是，被捕的同志们坚决不承认自己是共产党，看到这些叛徒，就说根本不认识他们，并对他们破口大骂，骂他们毫无人性。在大家的一再坚持下，初审时侦缉处的供词被推翻了。同年的五六月份，宪兵司令部对犯人们进行联审，并在此过程中陆续释放了一些人。剩下19名作为要犯被送往边署军法处办理。赵尚志作为其中的一个要犯和其他同志一道被押解到了这里。军法处是最残暴野蛮的机构，根本就没有所谓正规的审讯，也没有法律的约束。这里的审讯就是酷刑，敌人完全是用酷刑折磨和摧残犯人，用尽各种歹毒的审讯手段让犯人们屈服。

有一天，赵尚志和其他同志被提审带到了审讯室。敌人威胁他们说："你们还是痛快些承认自己是共产党吧，我们已经确认你们就是共产党。不然的话，只能对你们大刑伺候了！"说完就是一顿皮鞭的毒打。毒蛇般的皮鞭狠狠地抽打在赵尚志矮小的身板上，一鞭下去就是一道惨不忍睹的血痕，几鞭打下来血肉都溅到了行刑者的脸上，真可谓是鲜血淋淋、皮开肉绽。但这些狠毒的酷刑完全不足以撬开革命者的口，虽然经历了多次刑讯逼供、严刑拷打，但赵尚志和他的同志们总是咬紧牙关，宁死不屈。

直到 1931 年 12 月 20 日，赵尚志才结束了他先后两次将近四年的铁窗生活。同年，被作为要犯的另外 18 名同志也先后获释。炼狱般的考验，历练了赵尚志更加坚定的革命意志。出狱后，他很快投入到轰轰烈烈的抗日洪流中，并迅速成长为一名抗日斗争的杰出领导者。

三、战斗在抗日前线

1. 颠覆日本军列

1931 年爆发了"九一八"事变，日本帝国主义开始对我国展开正面侵犯，导致了东北三省沦陷。祖国的大好河山被肆意践踏，三千万同胞置身于水深火热之中，任人凌辱。

日本侵略者占领东北之后，将铁路、航空、海关、银行、邮政、矿产、森林等资源据为己有，并建立起伪"满洲国"的政权。日本官兵和特务经常对当地百姓展开大搜查，大肆拘捕他们认为可疑的群众，东北人民身处侵略者的白色恐怖之下。日本特务经常对当地百姓按户搜查，随意抓捕可疑人员，对人民展开奴化教育，人们的言论、出版、结社等自由被掠夺。货币贬值，物价飞涨，工厂倒闭，人们纷纷失业。百姓生活苦不堪言，流离失所。

日本帝国主义的侵略暴行，激起了全国人民，尤其是东北人民的无比愤慨。在这个民族危亡的关键时刻，抗日救国已经成为举国上下最为迫切的任务。中国共产党积极发动群众，组织了声势浩大的反帝爱国浪潮。社会各阶层，广大学生、工人、农民以及东北军当中的爱国将领领导下的官兵，不顾蒋介石不抵抗政策的命令，纷纷走上街头参加各种抗日活动。群众罢工、罢课、罢市，抗议日本帝国主义的野蛮行径，大声疾呼要驱逐日寇。

身为中国共产党党员的赵尚志，出狱后即返回东北。此时，东北各阶层人民的抗日反帝浪潮正进行得如火如荼。在组织的安排下，赵尚志留在省委工作，因杨靖宇调任哈尔滨市委书记，赵尚志被任命接任杨靖宇的工作，任全满反日党团书记。

1932 年，日本侵略者大举进犯我国哈尔滨以东和以北地区，反日义勇军和日军侵略者展开了激烈战斗。为了打击日本侵略者，破坏敌人运输线，消耗敌军的有生力量，给敌人一个狠狠的打击，同时呼应抗日义勇军的斗争，党组织决定派时任全满反日党团书记的赵尚志和另一名共产党员范廷桂执行一次炸毁日本军列的任务。

4 月 12 日夜间，有一列满载日军大量官兵和物资的日军军列风驰电掣般从哈尔滨郊外成高子通过，准备第二次对延寿、方正等地的抗日武装展开进攻和扫荡。赵尚志和范廷桂发现铁路两侧戒备森严，安放炸药容易被敌人发现，于是决定采取扒铁轨的办法颠覆列车。他们选择了距离成高子一公里之外的一处桥涵地带，当日夜晚，两人吃过晚饭后，携带好工具，在夜幕的掩护下，悄悄地来到了早已选定好的位置——距成高子站 500 米远的一段铁道线旁。两人警惕地环顾四周，见无异常，就迅速行动，在一个不容易刹车的斜高坡上悄悄把固定钢轨的

道钉一根根地拔下来，最终将一节钢轨拆掉，推离了原位。然后，他们来到一座小树林中，选择有利地形埋伏下来，边观察着动静，边静静地等候着日军军列的到来。

当列车驶近到预定地点时，赵尚志和范廷桂的心提到了嗓子眼儿里，"五四三……"一切都在他们的预料之中，当列车通过成高子站所属丁家桥涵洞上方时，忽然一声巨响，列车脱轨，车厢从路基上翻到了两丈深的涵洞下面和路边，车上的汽油和弹药发生猛烈的爆炸，一时间浓烟四起、火光冲天，爆炸声和鬼子兵的嚎叫声交织在一起，装载有敌军生活物资的车厢也全部被撞坏。

这场战斗，赵尚志和他的同志凭着勇敢和智慧，不费一枪一弹，取得了毙敌 11 人、伤敌 93 人的赫赫战果。这些伤亡数字是来自日军的报道，是大大缩小了的，实际伤亡人数远远不只这些。事后敌人派了三列火车来拉伤员和尸体。这是中国共产党革命战争史上最成功的一次颠覆军列行动，赵尚志在抗日战场上初次亮相就出手不凡。

2. 开展反日宣传

赵尚志特别赞赏省委书记罗登贤在一次干部会上的发言："蒋介石国民党以不抵抗政策出卖东北同胞，我们中国共产党人一定与东北人民共患难，共生死，争取东北人民的解放"，"敌人在哪儿蹂躏我们的同胞，我们共产党人就在哪儿和同胞们在一起抗争"。在与罗登贤的多次工作沟通交往中，赵尚志了解到，罗登贤曾经领导并且参加过 1925 年 6 月省港大罢工，也曾领导过 1927 年 12 月的广州暴动。这位工人运动的领袖觉悟很高，有着丰富的战斗经验，对同志们总是很严格，也很爱护，他对赵尚志产生了深远的影响。在罗登贤的直接领导下，赵尚志处处严格要求自己，更加坚定了抗日的决心，并积极投身于东北的抗日战场中。

为了动员更多的群众加入反日斗争的行列中来，赵尚志和省委其他同志们一起奔走各大学校、工厂，动员学生、工人以各种形式积极参加反日爱国运动。赵尚志总是针对不同的人群，以不同的方式对大家讲述着抗日的必要性，感受到抗日迫在眉睫，还动员弟弟尚武和他一起奔走于反日斗争的宣传工作。

　　有一次，为了动员更多的群众参加到抗日斗争的队伍中来，赵尚志集结了一个楼院里的几十个人，有学生、教员、工人、商人等。会上他慷慨激昂地说道："广大劳苦群众所遭受的一切痛苦都是帝国主义和伪满洲政府造成的。日俄战争之后，日本取代俄国，将东北作为它的势力范围。日本帝国主义不但把握、控制着东北的经济命脉，吸尽了东北三省民众的脂膏，造成人民极端的贫困，而且东三省的一切混乱不安，都是日本帝国主义直接插手造成的。日本帝国主义在飞机、大炮的掩护下，为加强对东三省民众的统治，成立所谓'独立政府'，鼓吹什么和平、安乐、振兴。"在一番番演讲中，他热情地鼓动大家要驱逐日寇必须全国人民团结起来。

　　1932 年 3 月，是"九一八"事变半周年，也是巴黎公社的纪念日。省委决定借这个机会到工厂等地组织集会，对群众开展抗日的宣传和动员工作。根据省委的指示，赵尚志和在省委秘书处任职的冯仲云来到呼海铁路工厂，向群众做抗日宣传。当时冯仲云化身为哈尔滨商船学校教授，作为掩护。赵尚志照理慷慨激昂地号召大家要参与到抗日战斗中来，冯仲云则把藏在怀里的抗日宣传单分发给在场的工友们。此后，赵尚志任中共满洲省委军委书记，专门组织和领导群众开展抗日武装斗争。

　　赵尚志非常擅于做反日斗争的宣传工作，他的身影曾无数

抗日英雄
赵尚志

次出现在当地的工业大学、医专、法专、电车厂、卷烟厂等地，广大群众无论工人、农民、学生都愿意听他的演讲，并且被他的言辞和激情所感动、折服。

3. 领导反日武装

1932 年初春，在积极声援义勇军斗争的同时，中共满洲省委也明确提出了建立党领导的反日武装队伍，开展抗日游击战的方针。根据这一领导方针，各地的党组织都在为创建由党直接领导的反日武装而奔走，深入农村，多种方式并用来发动当地群众，组织游击队。有的同志打入了伪军警中，试图组织哗变，从而把部分伪军警从敌人的营垒中拉出来。

为了秘密组织一支伪警备队的哗变，时任满洲省委常委、省委军委书记的赵尚志和省委书记罗登贤都聚集在省委秘书长冯仲云的家里，这是坐落在哈尔滨马家沟附近河沟街的一个不起眼的房舍。就是在这里，省委的领导人经常召集各种党内的秘密会议，研究部署宣传抗日、抵抗侵略的斗争方案，讨论一些党内的重大问题。

这次，他们在一起研究的是警备队起义的具体方案，起草和印刷有关起义的文件、传单。大家连夜工作，冯仲云的爱人薛雯当时是省委秘书处的相关工作人员，也积极投身于这场为组织哗变而开展的工作中。罗登贤用毛笔蘸着阿木尼亚药水在蜡纸上书写着"告伪警士兵书"，冯仲云负责警备放哨的任务，赵尚志和薛雯负责用石印

机印刷宣传单。深夜里，到处都很安静，就连隆隆的末班电车都驶过了。为防止印刷机的声音被街道上的巡警听到，罗登贤就用脚使劲踏地板。薛雯则打开了一个藤箱，让自己的女儿坐在里面，时不时地掐一下女儿的腿，用孩子的哭声来掩盖印刷机发出的声音。经过一夜的紧张工作，他们终于完成了印刷任务，为警备队起义做好了准备。

这次哗变虽然经过了周密而谨慎的筹划，各项准备工作都已经齐备，不曾料到的是，就在准备起义的前一天，警备队中一个姓金的军官把部队要倒戈的秘密消息报告给了警备队总队长于镜涛。就这样，这次哗变因叛徒告密而告败。

1933 年 11 月，省委秘书长冯仲云的家由马家沟河沟街搬到小戎街 2 号，其实这个地点的真实用处是省委秘书处，冯仲云以东北商船学校数学教授的公开身份为掩护在这里安家。省

委的全部重要文件都保存在客厅的大沙发靠背里，这里成为当时中国共产党领导东北人民进行抗日斗争的"总指挥部"和省委的"文件库"。冯仲云夫妇曾多次躲过敌人的检查。地下斗争是非常残酷的，危机四伏，随时面临死亡。赵尚志和战友们总是同舟共济，克服了一个又一个困难和危险，顽强地进行革命斗争。

1935年5月，赵尚志接到中共满洲省委指示，到哈北地区巡视，月末他来找到了巴彦县的东北工农反日义勇军。这支抗日武装原本是在张甲洲的指挥下，联合民团、当地士绅、知识分子等各阶层形成的一支反日队伍。然而，由于遭到当地伪县长的围剿，同时队伍内部也出现了分裂，张甲洲便率领一部分人单独活动，联合土匪重新把部队壮大起来。

赵尚志受命来到这支部队，意在要明确这支队伍的抗日路线和纲领，把这支反日队伍转变为党直接领导的工农抗日义勇军。此时的他已被委任为参谋长，化名李育才，人称李先生。他很快了解到，这支部队虽说联合了一部分土匪，但多数土匪是当地破产的农民，无奈之下才做了土匪，他相信通过耐心的劝导和积极开展群众工作，同时打击部分反动头目，这支部队很快就可以转变成党直接领导下的抗日义勇军。

赵尚志在来到游击队之后建立了中心队伍——模范队。模范队的成员是从各队中抽出的年纪轻、品德优良、意志坚定的同志们。这支模范队的战斗能力很强，纪律严明，成为整个游击队的表率。在模范队的带动之下，游击队各个队伍都以它为榜样，强化抗日思想，搞好和群众的关系，每到一个地儿就展开抗日宣传工作，动员当地的百姓有钱出钱、有人出人、有枪出枪，大家团结一致，齐心抗日。不久，队伍就发展到了五六百人。

1932年7月，日本关东军向巴彦县挺进，占领了巴彦县城，建立了伪县政权。

义勇军由于力量还很薄弱，指挥部决定强渡少陵河，到巴彦县西部地区扩充队伍，壮大力量。在强渡少陵河的途中，义勇军遭到了武装截击。交战中，一颗流弹从赵尚志的草帽上方穿过，帽头被流弹横穿出了洞眼，幸亏他个子不高，得以险中求生。

同年夏天，松花江遭遇了百年不遇的特大洪水，面对水灾、匪患、饥饿和日伪军的统治，广大农民纷纷揭竿而起，投向了反日义勇军。不久，工农反日义勇军便得到了壮大。为打击日本侵略者扶植的伪县政权，激发同志们的反日热情，指挥部决定联合其他抗日武装共同攻占巴彦县城。攻占时间定为8月30日，以鸡叫头遍为信号。

8月30日，晨星闪烁，天色尚未开始发白，人们还在酣睡之时，联合武装按照约定向巴彦县发起了进攻。义勇军在张甲洲、赵尚志的率领下从南门攻进县城。激战到天亮之时，巴彦县城终于被联合武装攻破了。攻占巴彦县城的胜利不仅打击了日伪军的嚣张气焰、鼓舞了人们的抗战热情，也显示了联合反日斗争的力量。

赵尚志总是身挎一把大刀，穿一件青布夹大衣，在教导队督促年轻战士们训练。随军期间，他和战士们结下了深厚的情谊，他总是亲切地称同志们为兄弟，战士们也亲切地喊他李大哥，有的还叫他小李先生。他做事有韬略，战士们都喜欢他。

在巴彦游击队的游击转战过程中，赵尚志经常和同志们一起行动。在这个时期，因为作战频繁，没有充分的补给，所以子弹很缺乏，每个战士配备的子弹都很有限，常常只有几发子弹，一旦遇到敌人，大家就很担心子弹不足的问题。有一次，赵尚志和一个小战士趴在一起向敌人射击。战斗在紧张激烈地进行着，小战士担心子弹不够用，只得打打停停。赵尚志见小战士作战时候的顾虑，就拍着自己身上挎着的子弹袋对这位小战士说："你猛劲儿地打吧，我这儿还有一袋子弹呢！"小战士听后便不再有顾虑，勇猛地向敌人展开射击。经过战士们的英勇战斗，敌人终于被击退了。赵尚志说："敌人已经撤退了，我们转移吧！"小战士始终不忘赵尚志那一袋子的子弹，缠着赵尚志要子弹，不住地恳求道："小李先生，给我几发你的子弹吧！"

见此情形，赵尚志不禁哈哈大笑，只好打开自己的子弹袋。原来他的子弹袋也是一发子弹也没有，看起来鼓鼓的子弹袋原来全是秫秸棍子。

1932年10月份，天气渐渐转凉，秋风萧瑟。为了筹集过冬的物资、更好地进行冬季反日作战，工农反日义勇军决定攻打东兴设治局，途中义勇军收缴了当地伪警察分驻所的武装。为了顺利拿下东兴，麻痹敌人，反日义勇军决定以分驻所的名义向东兴设治局发送错误的报告："一支义勇军已经由分驻所向南移动。"这样就转移了敌人的注意力。大批义勇军随后就开向东兴，敌人在毫无防备的情况下只能仓促应战。不到半个时辰，敌人就无力反击，溃不成军。

然而，占领东兴后的第三天，敌人就对义勇军展开了疯狂的反攻。战斗异常激烈，敌人每次被打退都会紧接着又反扑。赵尚志也在指挥战斗的时候被横飞过来的弹片所伤，左眼受了重伤。敌人步步逼近司令部，义勇军损失惨重，最后只能强行突围。这次战斗中，工农反日义勇军付出了惨重的代价，赵尚志在这场战斗中也因左眼受伤而被安排去养伤。

在接下来的这段时间里，义勇军贯彻执行"北方会议"的精神，为实现土地革命，不分青红皂白打击地主、没收地主财产、号召农民抗租，这种"左倾"政策严重影响了队伍内部的团结，也使队伍严重脱离了群众基础。赵尚志伤势好转后回到义勇军队伍中，发现队伍中出现的这些问题，他认为省委对这里的具体情形还没有足够了解，因此并没有继续按照省委指示去搞土地革命，也没有按照省委要求把张甲洲分化出队伍。

同年11月，赵尚志接到满洲省委《关于撤销小赵同志工作的决议》。省委认为，赵尚志在队伍中犯了右倾机会主义的错误，并安排他到基层去工作，在实际工作中改正错误。这是赵尚志入党以后第一次受到组织处分，而且是这样严重的处分，心情十分沉重。

1933年1月，义勇军在日军的疯狂扫荡中解体，中共满洲省委不恰当地将责任全部归咎于赵尚志，开除了他的党籍。

4. 创建珠河反日游击队

尽管赵尚志遭受了沉重的打击，但他抗日的决心却从来没有丝毫的动摇。他继续发动群众，组织抗日力量，取得了创建和发展珠河游击队、开辟大范围游击区等卓越成就。

1933年3月，为了能够继续抗日，赵尚志只身从哈尔滨市来到宾县投奔义勇军孙朝阳的队伍。当时，他身无分文，也没有一支枪。孙朝阳的人看他个子矮小，身体单薄，不想收留他。赵尚志并不灰心，他说："别看我个子矮，可啥都能干，当兵打仗、挑水做饭，样样都行！"在赵尚志的软磨硬泡下，义勇军勉强同意收下他当马夫。

一次战斗中，孙朝阳的部队被敌人围困在宾县东山，处境十分危险。在这危急时刻，赵尚志说："像现在这样一步一步退却，不是等死吗？眼下，必须以攻为守，最好是奇袭宾县县城。胜了，可以削弱敌人，获得战利品，补充自己；不胜，也可以牵动敌军，乘隙转移，跳出包围圈。"一番话，听得孙朝阳直点头。于是，他让赵尚志率队攻城。战斗中，赵尚志带领大家猛打猛冲，终于攻克县城。孙朝阳的大部队趁敌人回救县城之机，冲出重围，化险为夷。事后，孙朝阳十分高兴，委任赵尚志为参谋长。

1932年驻扎在哈尔滨的日本关东军天野旅团沿滨绥线侵占了珠河，珠河人民遭到了严酷的压迫和欺凌。日本侵略者的飞机在乌吉密扔炸弹，铁甲车朝乌吉密开炮，焚烧百姓们的房屋。日寇逼近帽儿山，在山上修建营房，路上随意设卡。被盘查的百姓只要应答不对，就会以种种罪名被装进麻袋活活摔死或者推到河里淹死。

日本侵略者的种种野蛮行径激起了珠河人民的无比愤慨和英勇反抗，人民群众纷纷参加了反日的红枪会和义勇军。这为赵尚志在县委的领导下迅速组建珠河抗日游击队建立了深厚的群众基础。

1933年10月，赵尚志脱离孙朝阳的部队寻找到珠河县委。

回到党组织身边的赵尚志感到格外的欣慰，尤其是看到珠河县的反日队伍已经初具规模，而且有那么多同志在为抗日斗争而努力奋战。在省委军委的帮助下、县委的直接领导下，珠河东北反日游击队诞生，经队员选举，队长由赵尚志担任。赵尚志在总结巴彦游击队和孙朝阳队伍经验教训的基础上，经充分讨论，为珠河东北抗日游击队做出了十项决议作为行动纲领，这也成为赵尚志以后的治军原则。

在珠河东北抗日游击队的成立大会上，赵尚志作为队长带领全体抗日游击队员鸣枪宣誓："我珠河东北抗日游击队全体战士，为收复东北失地，争回祖国自由，哪怕枪林弹雨，万死不辞，哪怕赴汤蹈火，千辛不避，誓死武装东北三千万同胞，驱逐日寇海陆空滚出满洲，为中华民族的独立、解放奋斗到底。"

珠河抗日游击队的诞生标志着哈东地区的抗日斗争发展到了一个新阶段，在中国共产党的直接领导下，形成了以工农群众为基础的抗日队伍，团结一切反日力量共同奋战，更富有组织性。在赵尚志的领导下，这支队伍也迅速成为东北抗日游击战中的一支劲旅。

为了壮大队伍，打开抗日战斗的局面，赵尚志决定建立抗日根据地。中东路滨绥线南的浅山区三股流、石头河子一带有良好的群众基础，三股流有个陡山包，前有凹地，后是漫岗，利于作战，而且这里距乌吉密火车站很近，有比较大的回旋余地。

日本侵略时期，东北地区动乱，兵匪不分，胡子（即土匪）遍地。赵尚志带领抗日游击队来到三股流附近时，老百姓以为他们是胡子，十分恐慌，为了免遭侵害，百姓们凑钱让百家长买了很多礼物送给游击队。赵尚志看着大烟、烧酒、鱼肉等，明白肯定是群众对游击队心存误解，就对百家长说："我们不是胡子，是打日本鬼子的游击队，我们不要老百姓的东西，这是纪律。"百家长十分不解，自古兵匪一家，哪有送上门的礼不收的呢？

天气渐冷，战士们还穿着夹鞋。为了做好过冬的准备，赵尚志拿钱让百家长帮游击队员们买几双冬靴。百家长不解其意，胡子哪有自己掏腰包的，不知道是什么名堂，说什么也不敢收钱。赵尚志心想，还是派部下去办好了，免得麻烦百家长。过了几天，百家长拎着几双牛皮冬靴，说是老乡们的小意思。给他钱又不要，赵尚志就说："您要是不要钱，鞋我们是不能收；您要是拿着钱，鞋我们就留下。"他还反复向百家长解释，他们不是胡子，是抗日

队伍。

经过这两件事情，这一带的群众感到这些当兵的的确不是胡子。但是这一带有不少三五成群的土匪，他们打家劫舍，神出鬼没。百姓对他们是既怕又恨。赵尚志了解到这一情况，决定为民除害。他带领游击队在土匪活跃的片区接连抓住了十多个群众深恶痛绝的土匪。当地著名的汉奸王福山，投靠日伪军，甘当走狗，鱼肉百姓，无恶不作。赵尚志带领游击队将其逮捕，召开群众会，依照群众的意愿，就地处决。

游击队为民除害，意在抗日，肃清了走狗汉奸和当地土匪，老百姓见此情景，无不拍手称快。这不仅扫除了根据地的障碍，也坚实了群众基础。珠河抗日游击队在群众的支持下，在三股流一带站稳了脚跟，并以三股流为中心开辟了抗日根据地。

5. 父子约定

赵尚志参加革命，在抗日战场上英勇杀敌，使敌人闻风丧胆。日伪军对赵尚志恨之入骨，又很难抓到赵尚志，就想加害赵尚志的家人。

1934 年，日本宪兵队抓捕了赵尚志的父亲赵振铎，并对他进行百般折磨。敌人让赵老先生写信给儿子，劝赵尚志投降。赵老先生说："我儿子早与我断绝关系，他的事情我管不了，我也不知道他在哪里。"在敌人的威逼下，赵尚志的父亲还是写了一封信。敌人将这封信冠以《赵父告不孝子赵尚志及其弟兄书》，大量印刷，用飞机散发在游击区，以迫使赵尚志投降。

赵尚志看到信后，得知父亲被捕心里十分着急。可是他也看穿了敌人的阴谋。原来，赵老先生早料到家人会因儿子抗日而受牵连，便借《左传》中晋将魏颗对父亲"从其治命，不从乱命"的故事，和赵尚志做了约定。这个故事的大意是，魏武子有个爱妾，没有孩子。魏武子患病，就对儿子魏颗说："一定要让她改嫁。"后来魏武子病重要死的时候又说："一定要让她为我殉葬。"魏武子病逝后，魏颗让父亲的爱妾改嫁了。有人问他为什么不按他父亲临终遗言去做，他说："父亲病重时神智昏乱，说的话是乱命，我应该按照他神志清醒时说的话——治命去办。"这就是"从其治命，不从其乱命"。赵老先生和儿子的约定是："如果什么时候，你借我的信，里面有'乱命'二字，那就是我被捕了，信是被逼着写的，你千万不要按照信上说的办事。要一心抗日，为国尽忠。"赵老先生的信上写着"现在父亲患重病，神昏治乱，命在旦夕……"就这样巧妙地把"乱命"二字写在了信上，暗示赵尚志：父亲已被敌人逮捕，信为敌人所逼而写，千万不要回哈尔滨探病。

此时的赵尚志，一方面为父亲的险恶处境担忧，一方面又牢记父亲所言，要一心抗日、为国尽忠。他想，仅为父母尽孝

抗日英雄
赵尚志

只能是愚孝；向敌人投降，不仅不是孝，反而是大逆不道。于是他十分坚定地对战士们说："敌人抓我父亲是阴谋，目的是让我向日本投降，这是办不到的。忠孝难两全，他抓他的，咱们还是抗咱们的日。"同志们听到此言，为赵尚志的大忠大义深深触动。

赵振铎被捕后，赵尚志的母亲为了营救他，四处奔走，找人借钱。当时有人害怕受牵连，总是想办法回避赵家人，更不敢借钱给赵尚志的母亲。然而，这并没有让他的母亲绝望，她义正词严地说："我的儿子抗日救国是光荣的，他不愿当亡国奴！现在我要想法营救他的父亲，你们怕事，那我不来了。"回家后，她决定变卖全部家产来营救丈夫，最后把仅有的当时在住的青砖房子卖了3000块钱，才把赵振铎从狱中赎出来。

从此以后，为了避免日伪军的继续迫害，赵振铎改名为赵式如，带领全家从关外到关内，从北平、天津、上海到香港、贵阳、重庆、西安等地，不断地辗转迁移，全家受尽了颠沛流离之苦。直到新中国诞生之后，赵老先生一家才迁回哈尔滨，从此算是安顿下来。

6. 一门忠义

赵尚志走上革命道路之后，在父母亲的影响和赵尚志的鼓励之下，赵氏家中的兄弟姐妹四人也先后走上了革命的道路。

　　"九一八事变"之后，走上革命道路的赵家五个孩子都与家里失去了联络。赵氏三兄弟——赵尚志、二哥赵尚朴、四弟赵尚武，一个在东北、一个在西北、一个在华北。赵尚志的二兄赵尚朴于1932年加入中国共产党，曾在哈尔滨中东铁路机务段、平绥铁路南口大厂等地参加党的地下活动。1938年赴延安，后辗转到华北晋绥地区参加抗日斗争。"七七事变"之后，赵尚志年仅17岁的四弟赵尚武在太原参加了八路军，是一名光荣的文艺战士，在西北战地服务团工作，曾担任过晋察冀军区抗敌剧社音乐队副队长。1943年12月，在反扫荡的战斗中，为了保护儿童突围，在河北阜平县一个山村英勇牺牲。赵尚志的四妹赵尚英于1930年和爱人一起考入上海艺术戏剧系学习，曾参加"左联"，在上海、南京等地开展进步电影和戏剧活动。"七七事变"后，参加抗日救亡演出队，在南京、镇江、徐州等地演出《祖国的吼声》《放下你的鞭子》等剧目。新中国成立后也一直从事文艺工作。赵尚志最小的妹妹赵尚文小学读书时，父亲被日本人逮捕，父亲获释后，跟随父母辗转各地，先后在北平、上海、重庆读书。后承继父业，从事教育工作。

　　赵老先生一家流落至重庆之后，家中实在拮据，生计已经无以为继，只能通过《大公报》向社会求助，后来由慰劳会拨以1000元的慰问金。当时《新华日报》以"东北老人赵氏一门忠义"为题发表了中央社的简讯："东北七十老翁赵氏一门忠义，大节凛然，特拨赠慰问金 1000 元。按，赵氏吉林人，'九一八事变'后，三子皆秉训从军，后与家庭失去联络。老人一度被敌逮捕作质，卒以坚贞卓绝之精神，逃出虎口，后携全家南下，辗转来至重庆。"赵尚志兄妹数人先后投身革命，赵氏一家堪称一门忠义，简讯中所说的"赵氏一门忠义，大节凛然"实为对赵氏一家的中肯评价。

7．解救同志

1935 年 1 月 12 日，中共满洲省委做出恢复赵尚志党籍的决定。赵尚志被开除党籍后的一段时间，也在想方设法不断寻找省委的领导同志。这时，一位刚从苏联回来的同志为寻找组织，在《国际协报》上登了一条启事，以寻人为由，约省委常委金伯阳在哈尔滨市道里区党的一个秘密联络点"一毛钱饭店"见面。赵尚志看到这条启事后，破译出其中的暗语，也按启事中的时间来到"一毛钱饭店"，寻找组织。在那里，他见到了金伯阳和高庆有两位同志。

刚见面不久，几个特务闯了进来。原来报上登载的启事被敌人看出了破绽。情急之下，赵尚志装作乞丐向金伯阳讨饭要钱，以掩护他们逃离，但是三人还是被狡猾的敌特逮捕。敌人

把他们押上汽车后，驶往宪兵队。途中，当小汽车开到一拐弯处时，赵尚志趁车速减慢、敌人不备的时候，跳车逃走了。谁知刚跑出几步，又被敌人抓回，拽上汽车。

审问时，赵尚志一口咬定自己是要饭的，不认识那两个人。敌人见赵尚志衣衫褴褛，模样寒酸，在反复审问几次仍没得到任何证据和口供的情况下，就把他当作小偷，殴打一顿释放了。赵尚志不顾生命危险立即前往高庆有家中报信，让他的家人做好应急准备，以防敌人到家中搜查。尔后，他又迅速赶往金伯阳家中，把藏在他家里的电台及时地转移了。

两天后，金伯阳、高庆有皆因敌人未能抓住证据而被释放。

四、性情中人

1. 不逐日寇绝不成家

1933 年，赵尚志 25 岁，按当地习俗，早已过了谈婚论嫁的年龄，可他却只顾革命，顾不上个人的终身大事。这可急坏了二老，由于他的父母亲抱孙心切，便隔三岔五地催他应该找个对象，可赵尚志就是不同意。老人为了替他找对象，求东邻，告西舍，上道里，跑道外，忙得像走马灯。结果却仍然是竹篮子打水——一场空。介绍的几个女子都被他拒绝了，赵尚志的母亲想不开，便絮叨说，这个也不行，那个也不中，整个哈尔滨都不够你挑了，再挑都挑成小老头了。

有一次，母亲又催促赵尚志考虑找对象成婚的事情。逼急了，赵尚志索性对母亲说："我已经订婚了。"母亲不相信，非让他把对象领回家看看不可。没想到，没过几天，赵尚志就往家里领回一群女同志。进门之后，这群女青年围着赵尚志的母亲，左一个大妈，右一个大娘地叫个不停，并伺机开导老人："您老有这么个好儿子，还怕他找不到对象？"一时间，弄得老人家无言以对，往后就再也不催赵尚志找对象了。

刘树屏原是赵尚志在狱中的"教诲师"，后来被赵尚志说服加入了共产党，而且两人还成了好朋友。刘树屏见赵尚志始终不成家，便耐心规劝他早日完成婚姻大事，免得父母挂念。赵尚志对朋友的关心表示感谢，但他说："我投身戎马生涯，一旦有个好歹，给人家女子添麻烦。再者，有了小家也会牵扯精力啊。人生在世，应为全人类谋幸福，为国家谋利益，难道专在父母膝下尽孝，就尽到做人的全部责任了吗？"原来赵尚志不找对象，一方面是为了全心抗战，另一方面是不想坑害女方，万一自己被捕或者牺牲了，对女方放心不下也无法交代。听了这番话后，刘树屏也放弃了规劝。

赵尚志也渴望幸福的生活，但他为了革命事业，把爱深深埋在心底。他曾对战友说："不驱逐日寇就不成家！"令人痛心的是，赵尚志因被叛徒出卖，而被日寇杀害时，年仅34岁，他终身未婚，也成为老人心中的一桩憾事。

2. 与赵一曼的兄妹故事

1934年赵尚志率领部队建立了哈东抗日根据地，在根据地内建立了兵工厂、被服厂、后方医院等，群众亲切地称之为人民的"红地盘"。同年底，赵尚志在肖田地战斗中，以200兵力迎战700名日伪军，左肘部中弹负伤，被转移到四方顶子后方医院养伤。

日军从叛徒的口中得知这一情况，就派出伪军进山，到四

抗日英雄
小故事

方顶子一带搜索后方医院，妄图活捉赵尚志。此时，从哈尔滨到珠河游击区从事群众工作的赵一曼也在四方顶子一带活动。敌人没有抓到赵尚志，却因为同姓的缘故，阴差阳错抓到了赵一曼。后来，经赵尚志多方营救，尚未暴露真实身份的赵一曼被敌人释放。

不久，赵一曼因脖子上长恶疮也住进四方顶子后方医院，与在此养伤的赵尚志同时住院。当时医疗条件差，换药、消毒只能用纱布条蘸硼酸水消毒，十分疼痛。他们一起换药时赵尚志说："咱们比一比，看看谁怕疼。"赵一曼笑道："你不怕我也不怕。"在整个换药过程中，两个人都是一声不吭。事后，赵一曼还开玩笑地说："这比披麻戴孝可好受多了。"赵尚志也风趣地说："瘦李子（赵一曼的绰号）不简单，真是人瘦骨头硬。"

自此以后，两人便将错就错，以兄妹相称，并肩作战。其实赵一曼原名李坤泰，四川宜宾人，比赵尚志大3岁，她牺牲前的职务是赵尚志领导的抗联三军二团政委。

关于"兄妹"二人还流传着一件趣事，就是关于赵尚志"不打跑日本鬼子不洗脸"的誓言被赵一曼打破的故事。

有一次，赵尚志带着哈东支队司令部的几十名战士来到赵一曼做妇女工作的村子里，妇女会积极为战士们洗衣做饭，缝补衣服。赵一曼是个非常爱干净的人，她见战士个个灰头土脸，就问一个小战士，你为什么不洗脸？小战士回答说："我们赵司令说了，这年头只要打日本鬼子，没有那么多讲究。"赵一曼找到了根源，直接去找赵尚志，她见赵尚志满脸黢黑，胡子拉碴的，就说："什么司令带什么兵，我们要准备和日本坚持长期作战，看来这支队伍要坚持长期不洗脸了。"被赵一曼这么一挖苦，赵尚志朝战士们一瞪眼：你们竟让我丢脸！说完，他和战士们都笑着到河沟里去洗脸了。赵一曼笑着说："其实赵司令还是很爱面子的嘛。"

3. 汉朝一家人

抗联部队中不少同志是朝鲜族人。在平时的日常生活中，同志们难免有磕磕碰碰，赵尚志深知朝鲜族同志秉性直率、实在，富于吃苦耐劳精神，作战勇敢，也知道他们深受日本帝国主义侵略、压迫的民族血泪史。因此他格外重视朝鲜族同志。

有一次，一个汉族战士和朝鲜族战士因为一点小事情而发生了争吵。赵尚志将两人叫到面前，一起围坐在篝火旁。赵尚志的脸上露出一丝悲伤，他拿起一只烟袋，抽了一口，说道："你们都知道，我是在孙朝阳部队中走出来的，我们当时有7个人，除了我和王德全同志外，其他的都是朝鲜族同志，正是这些同志为珠河反日游击队的诞生、成长奠定了坚实的基础。我永远也忘不了1934年7月哈东支队经济部长李启东同志牺牲时的情景。当时，特务周亚光受哈尔滨日伪当局指派，专为刺杀我而来，但未得手，却将李启东杀害。我知道，这在某种程度上可以说，李启东是替我而牺牲的；我也永远忘不了在1934年夏天，三岔河突围战中牺牲的李根植同志，是李根植同志一人用机枪射杀了18个敌人，用自己的生命为代价压制住了敌人的火力，为全体战士赢得了突围的时机。"说着，这个受尽酷刑、在所有恶劣环境都没掉过一滴泪的东北汉子湿了眼眶，两个战士愣愣地看着他们的司令。赵尚志接着说："我的命是李启东同志换来的，我们的现在是李根植同志用性命铺垫的，我们今天的胜利，是无数朝鲜族和汉族同志用鲜血打拼出来的。在面对残暴的敌人时，他们毅然挽起双手，你们还要因为一点小事而争吵吗？我们团结一致，敌人打不垮我们，但若我们自己不能抱成团，不用敌人来打，我们自己就散了。”

在赵尚志的倡导下，部队中汉族干部、战士和朝鲜族干部、战士都像兄弟一般和睦相处，毫无民族隔阂。1934年、1935年，有的地方开展反民生团斗争，造成严重扩大化，不少朝鲜族同志受到了伤害，但是在赵尚志领导的第三军中就没发生过这样的情况。

4. 自罚

1936年夏的一天，司令部党小组召开组织生活会议。担任党小组长的黄副官见赵尚志忙于处理军务，便没有通知他。不一会儿赵尚志因为有事要找黄副官，一看他正在主持召开党小组会，便问："怎么没通知我啊？"黄副官笑笑说："我们开个党员生活会，看你正忙着就没有通知你。"赵尚志说："这就不对了，我也是一名党员，工作再忙，也要参加组织活动，不参加党的会议，脱离了党的帮助，那还算什么共产党员呢？"接着赵尚志又说："我来晚了，后来者居上，就罚我先发言吧。"他看了一眼旁边的张秘书，开始了自我批评。

原来，前几天部队在汤原过舒乐河，一股敌人向我军扑来。赵尚志一看敌众我寡，便率领部队撤进附近的一个村子，当时张秘书光着上身，穿个裤衩，邋邋遢遢地跟在部队的后面，很不像个革命军人的样子。赵尚志见到后，立刻火冒三丈，当着战士们的面狠狠地训斥了他一顿，弄得张秘书很是下不来台。

赵尚志说："前几天过舒乐河时，我批评张秘书的时候火气太大了，还骂人了，很是不应该，我向张秘书道歉，请张秘书原谅。"

张秘书见赵尚志诚恳地做起了自我批评，便不好意思地说："军长，那天本来就是我不对，一个抗联干部不该穿成那样进村，对群众影响不好，我应该做检讨。"

赵尚志见此，笑着说："好啦，改了就行了，还检讨什么啊，今天主要是给我治治说话粗鲁这个毛病。"接着，他广泛征求了大家的意见。

当时，许多同志都被赵尚志的虚心、诚恳、谦虚、认真的态度所打动。那次会议上，大家都针对自己的缺点毛病做了认真的自我批评。

1936 年，抗联部队的发展达到了鼎盛时期，共计五万五千余人，赵尚志所率领的抗联三军也从最初的 13 人发展到六千多人，成为人数最多的一支队伍。

人数众多再加上队员的成分不同，要想管理好这支队伍并不是件容易的事儿。不仅要有严明、完善的纪律，还要不断提高士兵的自觉意识。

赵尚志教育士兵很有办法。他深知身教胜于言教，所以，他经常以自己的行动去影响和感染战士们。一位保安连的战士回忆说："在一次站岗时赵司令没有回答我口令，我向他开了枪，但没打着。事后，赵司令表扬了我，还奖励我一盒烟。"

有一次，赵尚志住在一位老乡家，看见这家妇女在切萝卜，便当着战士们的面吃了一块。过后，一位战士对他说："司令，您犯了个错误您可知道？"赵尚志故意说："我不知道哇！"这位战士便提起他随便吃百姓萝卜的事。于是，赵尚志马上召集士兵开会，表扬了那位战士，并承认了自己的错误，当众作了检讨。同时，以此为戒教育战士们不许随便拿群众的东西。

在当时，部队里有严明的纪律，吃饭要五分钟之内吃完，而且要一起吃，先吃的要罚去站岗。一次，桌子上的饭菜都摆

抗日英雄
赵尚志

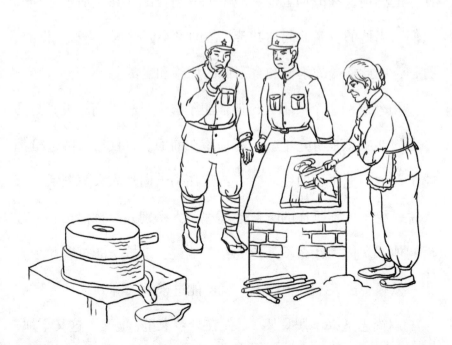

好了，正准备开饭，赵尚志一进屋就坐在炕上先吃起来，一位战士对他说："司令，你怎么能先吃呢？别的弟兄还没有来，先吃可是要犯错误的呀！"赵尚志听罢，点头称是，便放下筷子自动拿起枪到外边罚站岗。他还说因为他是队长，犯了先吃之过，除了罚托枪外又另罚两小时立正。战士们都说："司令违纪都是如此，何况我们呢？"

5．他就是赵司令

赵尚志在率领抗日部队英勇抗战，创建抗日游击队根据地的过程中，和战士们及广大人民群众建立了十分密切的联系和深厚的感情。在战场上他和战士们并肩作战，在生活中他和战士们与当地的乡亲们同甘共苦，帮助乡亲们挑水、劈柴、推磨、打扫，因此深受战士们和乡亲们的信赖和爱戴。

虽然赵尚志个头不大，但他胆子够大。战士们总说，赵司令在战斗中总是身先士卒，骑马跑在前面。打仗时，两边枪都响了，他却把匣子枪往后一背，骑在马上向敌人大声喊话。有人说，枪子可不听你的呀！他不理，弄得别人都替他担心。过后问他："你为什么不开枪呢？"他说："枪子能打着几个，我一喊'中国人不打中国人'就可能过来一大群。"

赵尚志从来不摆官架子，住在老乡家里，他又干这又干那，和战士们一个样。他心里总是装着战士，就是有一个鸡蛋，也叫打在汤里，让大家都能吃到。一次住在老乡家，老大娘给他做了碗面条，非让他吃了不可。赵尚志却说："我吃了，那些弟兄怎么办呢？您老就这么一点面，还是留着自己吃吧！"每当住宿时，他总是问战士谁的腰疼，谁疲乏，他把腰疼、疲乏的战士安排在火炕上睡，而他却在地上铺些草，睡在上面。他有一匹好马，谁看中了就给谁，然后他再找一匹差一点的来对付。常有这样的事，战士看中了司令的马，就说："司令，你这匹马真好，送给我吧！""给你就给你——牵去吧！"赵司令就这样回答，而战士也就真的把马牵走。

赵尚志生活特别朴素，吃、穿、用从不搞特殊。他穿的黄军装都发白了，但他看战士没有新衣服穿，他也就不穿新的。他要穿上一双新鞋，看见有的战士穿破鞋，他就换过来，衣服也是这样，所以他的穿戴总是最差。

一次群众来接赵司令，却把衣帽整洁的副官接去了，把他扔在了一边。还有一次，赵尚志率队住在游击区的一个屯子里，群众都想知道谁是大名鼎鼎的赵司令。一位老大娘对部队副官说，她想看看赵司令是啥样子。其实赵尚志已经在她家住了一宿、吃过两顿饭了。第二天，这位老大娘又对副官说："你把你们的司令领来，让我瞧瞧不行吗？"副官说："你没见到司令吗？"她回答："没见到。"副官说："他都在你家吃两顿

069

抗日英雄
赵尚志

饭了，你怎么还没见到呢？"老大娘惊奇地问："哪一位是司令？"副官告诉他："那位矮个子、做饭时帮您烧火的就是。"老大娘不敢相信地问道："是那位穿得最破，浑身油渍麻花的人吗？"副官对他说："正是。"老大娘听后，大吃一惊："我当咱们的司令得怎么阔气呢！原来他就是赵司令。"

赵尚志抗日坚决，忧国爱民，甚为群众所称道。他任东北民众反日联合军总司令时，年仅28岁。有的群众认为这个年轻的抗日将领一定非同凡人，常常做各种想象。赵尚志不修边幅，在长期的战争环境中，由于工作繁忙，有时十天半月都顾不上洗脸，满面灰土烟尘。有一回，赵尚志率政保师几名战士来到小兴安岭山麓的一个趟子房。这里住着一位老大爷。他看到赵尚志满脸黢黑，便对大家说："真巧，我昨晚做了一个梦，一只黑虎来到我家，睡在炕上。"又说："赵司令准是黑虎星下凡。"赵尚志听见了，笑着说："你我都是肉胎凡人，我怎么会是黑虎星呢？"那老大爷便问："那你脸怎么这么黑呀？"赵尚志回答："国土沦丧，脸上无光啊！"

五、一路坎坷坚持抗战

1. 哈东支队成立

1934 年日本帝国主义在东北地区进一步推行殖民主义，经济上实行垄断，残酷剥削东北人民；政治上实行严酷统治，大力推行奴化教育，试图泯灭东北人民的民族意识。在这种残酷的统治下，东北人民陷入流离失所、失业破产的悲惨境地。

此时赵尚志领导的珠河东北抗日游击队已经成为对抗日本侵略者最坚强和最具有战斗力的队伍。为进一步扩大反日统一战线，巩固珠河抗日武装，组织决定把积极靠拢游击队的反日义勇军、山林队等予以改编，统一为抗日队伍。

6 月 29 日，一个格外晴朗的日子。珠河东北反日游击队、"黄炮"、"铁军"等义勇军及宾县七区、三岔河、三道河子大排队等武装都聚集在了一起，召开退伍改编的指战员大会。会上，赵尚志做了关于联合抗日的重要讲话。他再三强调各个武装联合抗日的重要性，宣传了党关于抗日统一战线的政策，号召一切愿意参加抗日的武装都团结起来。会议通过了队伍改编的方案，宣布东北反日游击队哈东支队正式成立。哈东支队以反日联合军为基础，以珠河东北反日游击队为核心，吸收反日义勇军、山林队而组成。哈东支队设立司令部，赵尚志任支队司令。支队实行三三制，支队总辖三个总队，每个总队下面辖三个大队，每个大队下面辖三个中队，每个中队下面辖三个分队。赵尚志兼任第一总队队长。

根据改编原则，珠河东北反日游击队在保持原独立的政治和组织系统的前提下，将游击队分别编入三个总队内。这样每个总队内都有党领导的基本队伍，以便发挥领导骨干作用。除三个总队外还有炮队、骑兵队、教导队和少年先锋队，直属司令部领导。司令部还设有经济部、政治部、执法部和秘书处等部门。整个总队共450人，党直接领导的基本队180人。各大队内建有党支部、团小组、反日会、青年反日同盟。

哈东支队的成立是哈东地区反日武装斗争的新发展，因为它是通过改编的形式建立起来的统一领导与指挥的一支反日武装部队，而不是松散的联合。哈东支队成立后，部队以总队为单位分别开展活动。赵尚志率领第一总队及炮队、教导队、少年队、骑兵队开赴宾县三岔河一带开辟新的游击区。当他们到达宾县满家店一带时，当地的伪军见赵尚志的队伍来此便闻风而逃。

后来，伪吉林警备二旅司令部李文炳亲自坐镇宾县，调动五六百伪军前来围困赵尚志的军队。为了打退敌人的进攻，赵尚志指挥游击队的战士们在敌人必经的乾送顶子沟里，沿十里长山坡树丛中设下了埋伏。晚上，当敌人都行进到沟里时，游击队的战士们以猛烈的火力展开了射击。顿时，敌军秩序大乱，前面的敌军以为游击队在后面猛攻，后面的敌军以为游击队在前面袭击了军队。于是，在一场混乱中，敌人互相打在了一起。同年 8 月，赵尚志率领松花江南北的义勇军在松花江上游十公里的地方袭击了停泊在江中的日军江上警备队广宁号战舰。激战中，日军伤亡惨重，舰队司令部不得不派出普民号战舰去救援。

在赵尚志的带领下，哈东支队第一总队及炮队、教导队、少年队、骑兵队在宾县境内积极活动，屡屡袭击敌人，捕捉汉奸。有一次，赵尚志派第一总队第一大队由尹庆树率领的 150 余名战士和当地的几支义勇军一起活动，乘雨夜攻袭了五常县城。

游击队员们率先攻入城南门，砍倒电线杆，割断电话线，逼近满铁社员寄宿的五常旅馆和日军司令官佐藤中将门前。这次五常县城被袭使得附近各处的敌人都十分恐慌，各伪机关头目纷纷开始昼夜巡视，严加防范，还封堵了城南门，禁止行人往来，其他三个城门则由重兵把守，唯恐遭到不测。为了扩展游击区，建立根据地，赵尚志率领游击队积极开展活动，纵横驰骋，不断摧毁敌人的据点，打击日伪军。

由于有善于组织和发动武装斗争的指挥者，有坚定的抗日决心，有灵活的抗日战术，有保护民众、联合民众、联合一切可以联合的力量的抗战政策，哈东支队已经成为哈东地区抗日武装斗争的核心力量。这支队伍的抗日游击活动使得日伪当局在北满的统治受到了严重的干扰和威胁，敌人唯恐赵尚志队伍的突袭，因为当时的日伪军提及赵尚志时都有谈虎色变之感，可见"小小的'满洲国'，大大的赵尚志"实非虚言。

2. 建立哈东根据地

赵尚志率领游击队屡屡取得胜利，大大鼓舞了战士们的气势，也扩大了游击队伍，当地很多地区都建立了游击队。同时，他从巴彦游击队的失败中吸取了教训，认识到建立抗日根据地的重要性。建立根据地可以使部队得到休养生息的机会，同时获得广大群众的支援，取得粮食、衣物，部队的伤员也可以得到及时的治疗和安置，这样部队就能积蓄很大的有生力量，也使兵员得到源源不断的补充。

在开辟游击区、建立根据地的过程中，赵尚志常常跟游击队员们说，要使部队成为群众斗争的宣传者、发动者、组织者和领导者，要大力协助地方工作者建立反日会，组织发动群众，让群众真正明白抗日斗争到底是怎么回事儿，使群众明白抗日斗争的迫切性、必要性，明白东北人民当下的处境和命运，从而激发群众的斗争热情，不做亡国奴，积极参加斗争，开辟和建设抗日根据地。

在珠河中心县委的领导和游击队的协助下，哈东游击区和根据地普遍建立了反日救国会，农民委员会、妇女会、儿童团也在根据地普遍建立起来。同时，在游击队的大力协助下，各地还纷纷建立起了农民反日自卫队、青年义勇军、模范队等群众武装。在抗日根据地的建设中，县委、农委会根据各地的实际情况，制定了土地、粮食、税收等多种经济政策。土地政策强调没收汉奸地主的土地，分配给农民耕种，免收地租。粮食政策方面，大部分粮食禁止外运，以供给游击队和根据地群众自需。此外，还向地主、豪绅、大商人征收反日特捐，对军属、烈属的土地实行代耕政策。由于这些政策都是以群众的利益为基础，因而得到了广大群众包括一些开明地主的拥护和欢迎。

在和日本侵略者斗争、开辟游击区、创建根据地的过程中，反日游击队处处为群众着想，在斗争中英勇抗战，得到了广大群众的拥护和支持，根据地也呈现出军爱民、民拥军，军民团结、鱼水情深的景象。珠河县侯林乡的吕大娘，她的两个儿子都被送到了抗日部队，大儿媳妇是妇女救助会的会长，两个女儿也参加了儿童团，全家都投身到了抗日斗争中。两个儿子和大儿媳先后为抗日斗争而牺牲。赵尚志亲切地称大娘为吕妈妈，每次战斗回来他都会去看望老人家。群众把游击队看作自己的护身符，都非常关心游击队。每每游击队战斗后返回根据地，都会有群众前来慰问，农民自卫队布置站岗，妇女组织起来为战士们洗洗涮涮、缝缝补补。游击区和根据地的群众对部队都表现出由衷的关心和热爱。

3. 粉碎冬季"大讨伐"

哈东地区抗日游击队和根据地的建立，哈东支队和义勇军开展的抗日武装斗争，使北满地区的日伪军统治者如坐针毡。同时，在中共满洲省委的领导下，南满、东满、吉东等其他地区的游击队频繁出击，破坏敌人的铁路、公路运输线，袭击日伪军守备的中小城镇和据点，武装斗争不断深入发展，抗日烈火如熊熊火焰在东北大地上燃烧。

1934 年 10 月，日伪军大批集结，开始准备向各反日中心根据地开展残酷的冬季"大讨伐"。经过充分的准备后，日伪军利用在青纱帐落下、部队活动日渐困难之际，展开"围剿"。这次讨伐有三大特点：一是敌人兵力众多。以驻滨江地区日军吉本、宫荻原、横山各守备队为主力，调动伪第四军管区所属诸旅、邓团、王团及伪警察大队共两千人，对游击区、根据地实行围追合击。二是敌人用很大力量破坏反日统一战线，企图分化游击队和义勇军。日伪军公开宣传说："这次讨伐专打赵尚志的反日军，不打胡子""专打赵尚志的脑袋"。同时还威胁、利诱、收买准备投降和已经投降了的义勇军，利用汉奸和投降的队伍，拉拢地主豪绅并武装他们破坏游击区和根据地，企图恢复反动统治。三是在战略战术上采取集中主要力量，用较大兵力分段包围的方式，对游击区、根据地进行突袭、伏击、追击等"围剿"活动。

抗日英雄
赵尚志

一时间，赵尚志领导的哈东支队、游击区及根据地面临着严峻的考验，一场讨伐与反讨伐在哈东地区全面展开了。

不久，中共满洲省委为粉碎敌人的"大讨伐"，给全体党员发了一封信。信中详细分析了敌人这次讨伐的特点和目前的反日形势，提出了当前党的中心任务：动员最广大群众开展抗日反"满"（伪满当局）的斗争，反冬季"大讨伐"，扩大游击战争。同时对这次反讨伐进行了有针对性的战略战术部署，指出在和敌人的斗争中要广泛采取游击战术，攻击敌人的弱点，袭击敌人的后方，并要求在开展反日游击运动和群众武装自卫运动的基础上，坚决肃清关门主义，努力扩大和巩固反日武装队伍。

为了粉碎敌人的冬季"大讨伐"，赵尚志本着满洲省委的指示精神，将部队分成了两部分。一部分是第三、第五大队，留守根据地，在游击区和非游击区之间灵活穿插，伺机应对和回击随时来犯的敌人。第二部分是司令部和第一、第七、第九、第十大队等主力，由赵尚志率领，翻越威虎山，北上延寿、方正一带活动。一方面威胁敌人背后，牵制敌人的兵力，另一方面开辟和扩展延寿、方正等地的游击区、根据地，使珠河、延寿和方正的游击区、根据地连成一片。

按照这一部署，从敌人开始讨伐不久，赵尚志便率领哈东支队的主力部队奔赴大青川，在那里击败了保护日军军用农场的九江队，烧毁了农场储藏的稻谷。之后又成功袭击了一支给日伪军效力的白俄武装，缴获了大批军需物资，武装了自己的力量。在反"讨伐"的斗争中，赵尚志指挥部队的战术机动灵活，有时集中，有时分散；忽而北上，忽而西进，巧妙地进行穿插作战，牵着日伪讨伐军的鼻子兜圈子，把敌人拖得筋疲力尽。

期间，游击队烧毁了敌人在三道河刚刚修好的营房，使敌人设置军事据点的计划遭到破坏，狠狠地打击了依仗日伪军的

抗日英雄小故事

反动势力。宾县板子房是游击队经常活动的地方，当地汉奸刘百家长见游击队转移到了其他地方，日伪"讨伐队"来了，便蠢蠢欲动，掠取群众的棉衣，准备恢复反动大排队。在大排队组织恢复的当夜，赵尚志率领游击队赶到了板子房，出其不意地将大排队缴械，刘百家长被活捉。乡亲们见令人痛恨的刘百家长被逮捕，无不拍手称快，欢喜地连连作揖，有的还要给游击队杀猪宰羊表示庆祝。哈东支队反讨伐的成功，也赢得了当地群众的拥护。延寿、方正地区的许多大排队和红枪会纷纷表示愿意接受哈东支队的领导。

在赵尚志率领哈东支队主力积极开展反"讨伐"斗争的同时，根据部署，留守在游击区、根据地的部队和敌人也展开了顽强的战斗。

因哈东游击队范围很广，赵尚志率领游击队活动一般是在一个地方活动几天后就转移到其他地方，所以，追击游击队的日伪军跟着游击队东奔西突，又时常扑空。例如，游击队在大青川的时候，千余名日伪军包围了道北，又转而包围道南。赵尚志率领军队离开大青川后，敌人以为游击队去了威虎山，又转而去包围威虎山。后来，敌人得知赵尚志率军在宾县活动，又调兵去宾县妄图包围抗日武装。然而，在敌人还没有到达的时候，赵尚志已经率领队伍离开。就这样，敌人难以捕捉到哈东支队的踪影，反而陷入了疲于奔命的困境中。后来，日

抗日英雄
赵尚志

伪军改变了讨伐策略，将日军调了回去，派出伪满洲国军继续讨伐。

到 1934 年年底，哈东支队在赵尚志的领导下，经过艰苦卓绝的斗争，终于冲破了敌人的冬季"大讨伐"。这次"大讨伐"，敌人非但没有消灭游击队，反而被游击队歼灭了不少。由此，赵尚志在义勇军和民众中又一次获得了很高的威望，人们都说：赵尚志的队伍真能打、真善打，真是一支坚决抗日的队伍。同时，赵尚志及其领导的队伍也得到了省委的充分肯定。

4．冲破日伪包围圈

1935 年春，日本侵略者为扑灭哈东抗日烈火，对哈东地区加强了反动统治。三月中旬，赵尚志率领抗日联合军在延寿一带活动，为了避免遭受日伪军的正面攻击，赵尚志决定反日联合军暂时离开延寿，分头活动。4 月，赵尚志率领反日联合军向牡丹江挺进，途中为了打击敌人，阻止日本侵略者对我国森林资源的掠夺，又开辟新的游击区域，他不断地捕捉战机，指挥部队同驻守在森林各据点的敌人展开了一系列的战斗。

1935 年，日伪军为了镇压哈东抗日运动，在 7 月初再次部署了"毁灭赵尚志根据地"的"大讨伐"。日伪当局对抗日部队主要依靠群众的拥护和支持很清楚，所以在这次"大讨伐"

中，敌人除了调用大批军队包围、追击抗日武装，利用投降的部队和派遣特务等手段，还有针对性地采取了"匪民分离"的政策。

日伪军归屯并户、建立集团部落的政策早在 1934 年就在东南满地区实行，继而在抗日武装力量活跃的地区普遍推广。为此，日伪当局强迫游击区的乡亲们离开自己世代居住的家乡和赖以生存的土地，迁到了指定的集团部落，原来的房屋建筑全部被烧毁，从而造成了"路断行人，野无炊烟"的无人区。对于不肯搬迁的百姓，敌人都施以暴行，全部屠杀。伴随着敌人的"三光"政策——杀光、烧光、抢光，归屯并户残忍地进行着。而对已经搬迁到集团部落的百姓，敌人实行严酷的法西斯统治，百姓的一举一动皆在敌人的严密监视下，他们被迫给敌人挖深沟，垒高墙，修炮台，以防备随时可能发生的抗日武装的进攻。日伪当局还施行保甲法，一家与抗日武装有关系，其他各家都要受到牵连。

1935 年 7 月底，日伪军的夏季"大讨伐"在第三军活动范围道南地区展开。大批敌军组成的讨伐队伍首先包围了游击区的边缘地带，并以十站、蜜蜂站为据点，组成治安工作班，在游击区进行大范围的搜索。游击区的百姓遭到了毁灭性的灾难。敌军看见民房便放火焚烧，到百姓家里抢掠物资，对稍有抵抗的百姓直接枪杀。游击区的大部分民众都被迫迁往敌人的集团部落，游击区、根据地火光熊熊、狼烟滚滚。同时，一些反日会的同志也被敌人逮捕，一时间道南地区陷入了一片人心惶惶、令人生畏的法西斯白色恐怖之中。敌人的烧杀抢掠使反日游击队、游击区及根据地遭到了严重的破坏。

对这次"大讨伐"，第三军部队和县委一开始对具体情况估计不足，在总结教训之后，做出了应对敌人讨伐的战略部署。当时赵尚志正率领司令部直属部队和一团东征牡丹江沿岸，二团和三团没有接到指令时对敌人大肆烧杀抢掠还不相信，以为敌人的这次讨伐和之前一样。但敌人在道南地区烧杀几天后，他们才意识到问题的严重性，但当时敌人来势凶猛，第三团调回去时无法抵御敌人的炮火。为了保存实力，日后更有效地打击日军，赵尚志决定避敌之锐，躲开两军正面激战的可能，伺机对敌人进行袭击。期间，赵尚志率领第三军和双龙队摧毁了敌人在双城八区的集团部落，将当地的伪自卫队缴了械，破坏了敌人在集团部落的政策和活动。

同年9月，敌军继夏季"大讨伐"之后，接着展开了秋季"大讨伐"，要求全部日满机关继续进行治安肃正工作，对人民革命军和其他抗日武装再次展开全力围剿。这次秋季"大讨伐"来势相当凶猛，日伪军对游击区和根据地再次展开了疯狂的大举进犯。珠河党团县委派的三军政治部主任张敬山、团县委书记周毅夫、团县委秘书金凤生牺牲，县委宣传部部长、原三军政治部主任冯仲云负伤。顿时，形势变得相当严峻，迫切需要县委拿出切实可行的对策。10 日，珠河县委召开了执委会议，会上详细讨论了哈东地区的形势，明确指出：目前我们的中心策略和任务是，广泛运用统一战线，积极组织和领导这一斗争，特别是和秋收运动密切联系起来，广泛武装群众，扩大游击范围，巩固和扩大人民革命军，粉碎"大讨伐"。会上，赵尚志和其他同志都总结了上次的经验教训，认为决不能把抗日统一战线理解得太狭隘，必须在对革命有利、对扩大抗日救国阵线的层面来理解，所以要纠正之前对义勇军过左过严的要求，拒绝关门主义。因此，要号召一切抗日队伍反对投降，扩大反日联合军；同时，没有必要固守旧游击区，决定第三军率主力部队向牡丹江沿岸发展，开辟新的游击区。

　　会后，赵尚志签署了《东北人民革命军第三军收编通知书》，提出把靠近第三军的大小反日武装编为本军的游击队和游击连的别动队，以此扩大反日部队的力量。同时，赵尚志在筹备远征行动、开辟新游击区、组织反日武装破坏敌人的集团部落中，吸收了青年义勇军、游击连，把第三军三个团发展成了六个团。此外，第三军还收编了一些由义勇军组成的、直接隶属司令部的游击队和别动队，这些队伍都具有良好的纪律性、超强的战斗力和明确的反日斗争目标。

　　面对敌人对乡亲们疯狂的烧杀抢掠，对游击区和根据地疯狂的摧毁，为了粉碎敌人的围剿，减少游击区和根据地的损失，赵尚志领导抗日武装顽强进行着反讨伐斗争。他率领第三军司令部直属的政治保安营、少年连和第四及第五团向延寿、方正方向挺进。其中第三军主力逐渐向牡丹江岸、松花江北岸、小兴安岭扩展，开辟了新的游击区域。其他抗日武装则在赵尚志的部署下分别在各区域展开军事活动。

这样一来，在十分严峻的战斗形势下，第三军仍然克服重重困难，打破了各支抗日武装固守原地的状态，冲破了日伪军设下的包围圈。不仅如此，除了基本力量外，还建立了四个完整的团和一个独立营，收编了很多靠近第三军的义勇军，发展了自己的抗日武装力量，汇合了更多的抗日武装。看到人民革命军不屈不挠地奋斗以及取得的胜利，又看到投降后的义勇军不是被缴械就是头领被杀害，很多靠近第三军的义勇军发现投降并不是出路，纷纷要求被人民革命军收编，接受人民革命军的政治领导。人民革命军第三军主力在赵尚志的指挥下打破了敌人的围剿计划，开拓了抗日战争的新局面。

5. 与第四军相遇

1935 年 11 月，赵尚志率领的部队与第四军第三团相遇，该团团长绰号"小白龙"，是 1934 年秋第四军军长李延禄收编的队伍，武器装备精良，专打这一带的林业资本家和伪满木材经营人。当赵尚志和这支部队相遇时，听说该团要归顺日伪，正在调动部队，于是赵尚志赶忙去劝说"小白龙"不要投降，应该接受人民革命军的领导，一起抵抗敌人。然而，在两军相互不了解的情况下，第三军的同志无意把"小白龙"击成了重伤（后来不幸牺牲），还将他的护卫十来个人缴了械。

原来，由于敌军的严密封锁和隔离，赵尚志和牡丹江沿岸的李延禄率领的第四军一直缺少必要的联系，因而对彼此部队的具体情况都不是很清楚。其实李延禄领导的部队同样是中国共产党领导下的抗日武装。1933 年，李延禄建立了党直接领导的抗日救国游击队，而后和密山游击队合并，成立了抗日同盟军第四军，李延禄任军长。在抗日战争中，由于李延禄灵活运用反日统一战线政策，联合和团结了很多山林武装，第四军得到发展壮大，成了吉东地区一支非常重要的抗日武装力量。

赵尚志得知实情后追悔莫及。同年 11 月，青山里会议后，赵尚志率军来到依兰五道河子，在第三军第一团团长和政治部主任的引荐下，赵尚志见到了第四军军长李延禄。

一见到李延禄，赵尚志便开始连连道歉说："我对不住你啊！你们住在青龙沟的三团被我缴了，缴了之后才知道是我们搞错了。"

李延禄一时摸不着头脑，赵尚志又解释说："刚一见面他们表示欢迎第三军，晚上又来报信说有敌情，我们就不得不怀疑了……"

听罢李延禄才明白过来，原来"小白龙"被第三军缴械了。但李延禄以大局为重，谅解了赵尚志这次因为不知情犯下的过失。他说："这件事情好说，现在大敌当前，我们还是先好好研究研究怎样一起应对敌人的'围剿'吧！"

为了强化1935年的冬季"大讨伐"，大批日伪军封锁了松花江南北两岸的交通线，频繁干扰着勃利、依兰、方正等地的军队。面对这种危险处境，赵尚志和李延禄在详细分析了当下面临的严峻局势后，决定第三军和第四军联合行动。为了避开敌人的正面进攻，第四军三师一部进军桦川、集贤，开始大张旗鼓地活动，吸引敌人的注意力；三军四团、四军二团留在方正、依兰，展开游击战；赵尚志、李延禄率三军和四军的主力部队渡过松花江北进，绕到敌人的后方，突破敌人的包围圈，与汤原游击队会师。然而，松花江上有一两丈宽的江道还没有完全封冻，部队难以渡江，因此只好在柳树从中暂时隐蔽。期间，赵尚志和李延禄谈着自己的参军经历。十多天的隐蔽还没有等到江面全部封冻。后来还是当地的百姓跟队伍说，十里之外的猪蹄河口是个冷风口，那边的江面往往比其他地方封冻得更早。赵尚志和李延禄冒着刺骨的寒风率军直奔猪蹄河口，终于顺利跨过了松花江。

12 月里天气已经十分寒冷，战士们还穿着破旧的单衣，没有换上冬装，只有晚上站岗的战士才能轮流围着一张狍子皮。于是，赵尚志和李延禄开始商量着利用当地保董，设计夺取敌人在二道河子的据点，取得御寒的物资。然而，二道河子的伪警备大院戒备森严，里面还设有炮台，所以难以强攻，只能智取。

寒风彻骨，第三第四联合部队由当地保董引路向二道河子疾步赶去。当先头部队接近伪警备大院的哨所时，只听见地方的哨兵高喊："口令？"

当地保董早和这些哨兵混得很熟，他说："还要什么口令！我们从东六方赶过来，冻得都直打哆嗦呢，快点开门啊！"

哨兵听出了保董的声音，便打开了院门。这时三军一团团长大喊："我们都去打赵尚志和李延禄啦，你们躲在屋里暖和，是不是通匪了？"说着便缴了哨兵的枪支。后续部队迅速包围了伪警备大院，堵住了各个出口。这时屋里的敌人似乎察觉到了异常，大声喊道："是干什么的啊？"随后便是一阵激烈的枪战。

这次战斗为第三军和第四军的战士们解决了御寒冬衣的问题，同时，也鼓舞了在敌人的讨伐下蹲守在山林里的义勇军和山林队伍。赵尚志和李延禄两位将领也在共同抗敌的斗争中增加了对彼此的了解，增进了战斗的革命情谊。李延禄曾说："那段时间我对赵尚志有个更深的了解，觉得他确实是一头雄狮一样的人物。我们在大军包围中时，友情是这样的亲密，把之前三团被缴械的事情都忘记了，我们是在对未来革命胜利的憧憬下团结在一起的。"

6. 率军远征

1936 年春天，北满抗日武装力量又得到了新的发展。根据部队的实际情况，赵尚志决定将第三军的第一、二、三、四团改编为四个师，8 月西征之后，东北人民革命军第三军正式改编成东北抗日联军第三军。1936 年 9 月，赵尚志提议召开"珠汤联席会议"，也就是珠河、汤原县委，三军、六军党委联席会议。会上赵尚志和同志们分析了北满抗日战争的形势，总结了抗战以来取得的成绩，并提出了新的抗战路线，强调了要坚持无产阶级领导权。同时会议决定派省委执委朱新阳作为临时省委代表，去莫斯科向中央驻共产国际代表团汇报会议情况，直接与上级组织进行联系，听取上级组织的指示，以解决现在面临的种种问题。没想到的是，朱新阳一去先是受到了苏方的关押审查，后又被康生留在莫斯科，音讯皆无。

同时期的赵尚志也正根据珠汤联席会议的精神，为即将到来的反秋冬"大讨伐"进行具体的部署。依据数年以来与敌人浴血奋战的经验教训，赵尚志提出了反讨伐斗争的策略。他认为东北反日游击运动分布不均衡，在敌人大举进攻时我军还是要保存实力，想办法突出包围圈，开辟新的游击区。同时，他明确提出，反对投降，反对插枪不干，反对蹲山挨饿受冻，反对死守一方。这些都不是真正的办法，都是自取灭亡。必须突破敌人的包围，袭击敌人兵少的后方，创造新的反日阵地，才能成功冲破敌人的"围剿"。

1936 年 11 月末，赵尚志率军以黑嫩流域的海伦和通北为目标开始了远征。此前，赵尚志已命李熙山为哈北司令，迅速组织远征队先行奔赴铁力。这样先遣部队到达铁力稍作休整后便可以铁力为依托，开展开辟新的游击区的活动。

1937 年 2 月，赵尚志率领远征部队进入通北、海伦地区后，敌人派出大部队不断围追堵截，妄图把赵尚志消灭在海伦一带。为摆脱这种时刻被追击的被动局面，赵尚志决定伺机设伏，与敌人展开一场大规模的战斗。

3 月里，通北山区毫无暖意，冷风习习，山上仍然满是冰雪。率队进山后，赵尚志说："现在我们面对的情况是，前面有讨伐大队的堵截，后有日伪军的追击。敌人的目标很明显，就是要把我们消灭在这里，或者把我们赶到大山里冻死饿死。我们必须把小鬼子引进山里，打一场硬仗。让敌人知道，我们也不是好惹的。"

赵尚志走在队伍的最前面，当部队走到一个山道狭窄、山

坡上树丛茂盛的地方时，他命令队伍埋伏在树丛中，并且把马也牵到后山隐蔽起来。大约两个小时后，讨伐的敌军果真循着部队的踪迹跟了过来，待敌人全部进了包围圈之后，赵尚志一声令下，顿时，山里枪炮声如雷鸣，子弹如雨点般扫射出去。敌人被突如其来的枪炮打得晕头转向不知所措。

战斗结束后，赵尚志又说："敌人是不会善罢甘休的，一定会反扑，前来报复。"于是他命令部队迅速转移，选好据点后，把敌人引进山里，再打它个措手不及。部队行进到"冰趟子"，赵尚志看了看周围的地势，召集开会说："这个地方不错，四座木营可以固守，两边都是丛林，利于隐蔽；山沟入口处窄，既可以截断敌人的退路，也可以攻打敌人的援兵。""冰趟子"是冬天山泉水留在山丘上结成的一片冰，赵尚志指着一片覆盖着白雪的冰川说："只要我们能严守阵地，把敌人引到冰川上，他们就像秃子头上的虱子，没地儿藏身了。"

3月7日，700余名装备精良的敌军果然沿山道向抗日部队驻扎的方向赶来。面对人数比自己多、装备比自己好的敌军，赵尚志没有畏惧，他胸有成竹地等着。等敌人都进了包围圈，先击退了一支先头部队，当敌人行进到冰川上，纷纷都站不住也走不稳时，敌军的秩序大乱，赵尚志命令提前埋伏好的机枪向慌乱中的敌人进行扫射，把敌军打得人仰马翻。但敌军的后援部队随后就到了，连续组织了三次进攻。战斗愈演愈烈，战势也变得异常艰难。战士们以木营墙壁为工事，但山上的夜里异常寒冷，枪支冻得根本打不响，战士们的手冻得连扳机都不能扣了。于是，战士们轮班到木营的火炉边烤火，把枪和手都烤热乎了再去战斗。敌军的进攻猛烈，枪声密集，多半是冲着木营，但由于天太黑，敌人根本没办法瞄准射击，所以几次进攻都被打退了。后半夜天气更加寒冷，敌军也冻得无力进攻了。赵尚志料想敌人会从山沟口撤退，于是命令加强山沟口的兵力，出奇制胜，大伤敌人的元气。战斗结束后，赵尚志率军趁夜收拾了战场，便率军及时撤离了。

这次"冰趟子"战斗是赵尚志指挥抗联三军远征部队一次较大的战斗，在敌我力量对比悬殊的情况下，利用天气、地势、部队气势等因素，打了一场巧妙的伏击战。

7. 陷入困境

为了巩固侵华的后方基地，维持在东北的殖民政策，日本侵略者在大举进关的同时开始了对东北抗日联军新一轮的镇压。1937年秋冬，敌人的重点"大讨伐"开始，这次讨伐充分显示了法西斯式的疯狂、毒辣，而赵尚志作为日伪当局维持反动统治的心腹大患，成了重点讨伐目标。

与之前不同的是，这次重点讨伐除了动用大部队对抗日联军进行围追堵截的军事行动之外，还大搞经济封锁，利用汉奸大搞破坏，政治诱降、挑拨联合部队和义勇军之间的关系，以便实现各个击破。同时实行"匪民分离"政策，摧毁了山区的小村落，实行"三光"政策，造成了大片的无人区，百姓都被迫迁往集团部落。由此，联合军队和群众失去了联系，无法得到群众的支援，失去了军队给养，兵源也难以得到补充和扩大。

面对这样严峻的形势，赵尚志认为活路只有一条，那就是冲破敌人的封锁，他说："这是一个活路的争取，是奠定东北民族革命战争命运的一环。如果不能及时冲破敌人的封锁，开拓新局面，那整个东北革命军和革命战争都将受到严重的破坏和损失。"

10月下旬，敌人开始了进攻。在抗联部队不断遭到袭击和破坏的情况下，为了冲破敌人的重点讨伐，赵尚志果断地决定：北满的抗日联合军队，除了哈东、哈南及松花江沿岸留守一部分兵力外，其他军队必须远征。一部分向松嫩平原挺进，占领大兴安岭，一部分在海伦、通北、龙门等地展开游击活动。远征到松嫩平原的抗日联合军队为之后一段时间内展开平原游击战，打开了新的局面。然而由于种种原因，远征计划没有很好地执行。直到1938年夏天，敌人的讨伐行动愈加严重，抗日联合军队遭到了重创之后，部分抗日联合部队才开始设法突击远征。

尽管赵尚志组织北满抗日联合军队积极部署应对敌人的重点讨伐，但因敌人不断加强经济封锁，掐断了军队的衣食等物资给养，更换了枪械和子弹，使抗日联合军普遍使用的连珠枪子弹无从缴获。这样一来，部队武器弹药奇缺，很多优秀的指挥员和战士们牺牲后无法得到补充，这些都给反讨伐斗争的开展带来了极大的困难。

因长期与党中央失去联系，一直处于孤军作战的状态，而苏联作为共产国际的总部，当时被称为"工人阶级的祖国"，赵尚志在慎重考虑后，决定向苏联谋求援助，并希望通过苏联方面与中共中央取得联系。他给苏联远东军司令部写了一封信，信中说：由于我们在军事、政治及各方面的薄弱，很难应对敌寇来势凶猛的进攻，而且因日寇在黑河沿岸已经有充分准备，而且这些地区人烟稀少，军队很难实现补给。我们站在革命的职责上，感到以我们现在的能力和经验不足以对工作处理得处处适宜。希望远东军司令部予以正确的指导和协助，以便我们更好地执行工作，特别是军事计划的指导。同时，赵尚志还请苏联远东军司令部转交了他写给中共中央的信。赵尚志因在黄埔军校时就知道远东军负责人布留哈尔即加伦将军是一位十分热心于中国革命的军人，他相信东北抗日联合军一定能得到苏联方面的援助。但现实与理想总是有很大的距离，赵尚志向苏联方面的请求并没有得到解决和有效援助，反而造成了他生命中又一段坎坷。

8. 赴苏求援遭意外

1937年冬天，赵尚志正率领军队应对敌人来势汹汹的冬季"大讨伐"。此时，从苏联回来的原抗联第六军二师师长陈绍宾向中共北满临时省委报告说，他已经通过抗联第七军和苏联取得联系，苏联就要与日军开战，苏联方面邀请东北抗日联军的代表前往苏联研究配合抗日的行动。省委对这一消息十分重视，开会决定赵尚志作为东北抗日联合军的代表前往苏联，并约定，赵尚志到苏联一个月后，抗日联合部队的同志会到边境去接他回国。

1938年1月初，黑龙江畔正值天寒地冻之时，寒风刺骨逼人。赵尚志在一名副官、三名警卫员的陪同下，由第三军九师的小股部队护送，穿过黑龙江的白雪坚冰到达了苏联境内。然而，他们刚刚进入苏联境内，意想不到的事情发生了。苏联方面坚决否认邀请抗日联合军代表到苏联商讨抗日作战计划，而且把他们的武器全都缴了。赵尚志年少时在白俄老板家做杂役的时候学了几句俄语，他试图用俄语和对方沟通，但不管怎么说都不管用，苏军把他们领到附近一个村子关了一宿的禁闭。第二天，又被送到了伯力，被关押在苏联伯力远东军区的拘留所。

一个月后，按计划约定接赵尚志回国的抗日联合队伍决定分头攻打位于边境地区的鸭蛋河镇和萝北县肇兴镇两个据点，以军事行动配合赵尚志在苏联的活动，准备迎接他回国。2月4日，戴鸿宾率军攻袭了肇兴镇，双方都有伤亡。经过慎重考虑，戴鸿宾决定跨过边境去苏联，一来可以免除遭到敌人围歼的危险，二来可以在苏联补充弹药，安置受伤的同志们，同时也接赵尚志回国。然而，戴鸿宾一队人马刚进了苏联境内就被缴械了，非但没有接到赵尚志，自己的人马也被关押了起来。在戴鸿宾的一再要求下，他见到了赵尚志，和赵尚志关押在了一起。后来，抗日联合军第十一军军长祁致中和军部科长陈森为了解决火药问题来到苏联请求援助，也被关押在了这里。而抗日联合军第三军、第六军的 500 余名骑兵被遣送到了新疆，使得北满抗日联合军既失去了战斗的领导核心，也丧失了部分精锐部队，给即将开始的反讨伐战斗带来了巨大的困难和损失。

　　1939 年 4 月，赵尚志已经被关押在远东军的禁闭室一年零四个月，此时的他面色苍白，身形更显得瘦削，但精神状态依旧。此时，春意已浓，坚冰积雪都已经融化。经过赵尚志多次申诉努力，苏联方面开始考虑是否解除对他的关押，把他送回东北。5 月，诺门汗事件爆发，在中蒙边境日本帝国主义向苏联军队再次发出军事挑衅。苏联方面终于释放了赵尚志、戴鸿宾、祁致中，并且鼓励他们回东北继续开展抗日游击战。一位苏联远东军少将宴请了被释放的几位中国将领，席间，赵尚志被共产国际任命为东北抗日联合军总司令，决定返回东北继续抗日。但赵尚志也毫不客气地对苏联方面对自己和自己的同志们的长期关押表示了不满，他说："苏联边防军负责人把我们关押在这里是非法的，为什么没有向莫斯科报告?"这位苏联少将对他们被关押的事件表示是一场误会，并当场道了歉。被释放一个月后的赵尚志早已经身在曹营心在汉，急切地想要返回东北战场。他很快集结了一支由 105 名中国抗日联合军战士组成的队伍，苏联方面给予了精良的武装配备。

　　赵尚志返回东北抗日战场的前一天，一位前来送行的苏联军官向全体战士讲话说，苏联支援中国的抗日游击战，希望大家能在战斗中取得胜利。又说，赵尚志是东北抗日联合军的总司令，大家要尊重他，服从他，爱护他。接着赵尚志讲话说，这次回东北就是要扩大北满的抗日游击活动，给日本侵略者狠狠的一击。他个子虽小，但声音洪亮，讲话的立足点也高，战士们都受到了深深的鼓舞。6月下旬，赵尚志率军从伯力乘火车向西而行，行至比罗比詹时，战士们下车徒步数日后向黑龙江挺进。

此时的赵尚志自然十分兴奋，但他没有想到北满党组织内部和东北抗日战场已经发生了变化。原来，赵尚志赴苏不久，北满临时省委内部就展开了反对赵尚志"左倾关门主义"的斗争，给赵尚志扣上了"反共产党的阴谋家"的帽子，认为他自建立珠河反日游击队以来犯了"左倾关门主义"的错误；同时也批判了珠汤联合会议及省委执委扩大会议的决议，清算了珠汤联合会议制定的作战路线和战斗策略。1939年4月召开的省委第二次执委会议上做出了对赵尚志的处分：撤销赵尚志在党内北满临时省委执行委员的职务，并处以严重警告；军事方面，撤销赵尚志抗日和联合军总司令和第三军军长的职务。在面对敌人的"大讨伐"，形势相当严峻的情况下，北满省委却忙于内部的反倾向斗争，分散了团结一致对敌的精力，削弱了自己的战斗力量。

9. 打下乌拉嘎金矿

1939年6月27日，黑龙江畔夜深人静之时，赵尚志率军乘船过江，顺利抵达萝北县太平沟一带，随后又向西南前进了几里地，部队进入了山林。当再次踏上祖国的疆土、返回自己日思夜想的东北抗日战场时，赵尚志心潮澎湃，虽然自己因误会被苏联方面关押了一年多，但毕竟与苏联远东军取得了联系，也得到了一定的援助，此时的赵尚志满怀战斗热情，决心要跟日本侵略者大干特干一场。

回到东北抗日战场的第二天，也就是6月28日，赵尚志便率军袭击了被日军占领了的北满重要金矿之———乌拉嘎金矿。上午时分，战士们发现几个伪矿警正在矿上拖运物资，刚一开枪，对方人马丝毫没有反抗便成了部队的俘虏。从这些拖运物资的俘虏口中打探到了金矿内的守备情况，赵尚志当机立断决定攻下金矿。

战斗于当天夜里就打响了。赵尚志率领部队冲进金矿大院，占领了院内的要害据点。守矿的伪矿警们还没有搞清楚状况时，就被赵尚志率领的部队缴械了。其中两名伪矿警想趁乱逃跑，赵尚志大喊一声："小兔崽子，往哪里跑！"吓得两名伪矿警赶紧放下武器，战战兢兢间只能举手投降。

攻占了乌拉嘎金矿之后，在金矿大院里，赵尚志召集工人

们召开了大会。他说："我们是共产党领导的抗日队伍。你们

在日本侵略者的压迫下过着牛马不如的生活，只有打倒日本鬼

子，我们中国人才有出路。工人阶级是我们的群众基础，大家

要踊跃参加抗日联合军！"当工人们得知讲话的是早有耳闻的

赵尚志时，纷纷表示愿意跟着队伍参加抗日。同时，赵尚志还

率领部队打开了金库的物资仓库，把部分面粉分给了贫苦的矿

工们。第二天，赵尚志的队伍带着从敌人那里缴获的武器装备、

电台以及粮食给养从金矿撤离，进入敌人很难寻到的山林中。

10. 沉重的政治打击

赵尚志刚从苏联返回东北战场，决心以胜利的武装斗争恢

复下江的抗日游击区和根据地，为抗日打开新局面。但由于对

敌人在下江地区的实际形势缺乏了解，部队没有及时得到当地群众和其他抗日部队的支持，物资补给缺乏，使不少战士产生了动摇情绪，出现了叛逃现象，戴鸿宾在七号桥作战的失利，等等，种种原因使得抗日斗争并未顺利开展。

年底，赵尚志面对如此困难的局势不得不向苏联方面说明情况，请求援助。当时，北满省委代表冯仲云同志、吉东省委代表周保中正在苏联，准备参加苏联在伯力召开的北满、吉林省委代表联合会议，这次会议旨在取得苏联远东军及党委的支持。于是，苏联方面邀请赵尚志也到苏联参会说明问题。赵尚志率领十几名同志跨过天寒地冻的黑龙江，到了苏联。会上，周保中、冯仲云、赵尚志就东北抗日游击运动的经验、战斗路线及工作方针交换了意见。同时，东北党组织和抗日联合军与苏联边疆党组织、远东军建立了正式的联系。

然而，就在伯力会议成功召开不久，赵尚志正在为这次会议取得的成果欣喜之时，一个意想不到的消息传来了。原来就在赵尚志、周保中、冯仲云准备进一步与苏联边疆党委、远东军的负责人就具体问题展开讨论之时，传来了中共北满省委关于第十次常委会议上的决定——赵尚志被永远开除党籍的决议。

赵尚志对自己被开除党籍，而且是永远被开除党籍的事情十分摸不着头脑，他对北满省委的这一决议既难以理解也难以接受。他因没有看到省委关于开除他党籍的具体文件，不清楚开除党籍的原因，所以给北满省委写了一封《请求书》。他分析了自己在工作中可能犯的错误以及容易被省委误解的情况，请求省委"党籍是每个共产党员的生命，因为我参加党，从事革命斗争已经十几年，党的一切工作就是一生的任务，我请求省委重新审查。同时，我认为党不能把我从党的部队里清除出去，那对于我来说就相当于宣布了死刑。我万分请求，请党重新审查我的问题，恢复我在党组织上的身份。我不能离开党组织，时刻需要党对我的领导。"同时冯仲云和周保中也就赵尚志党籍的问题专门给北满省委写了信，请求省委重新审查赵尚志党籍的问题，并希望不要开除赵尚志的党籍。

北满省委负责人收到了赵尚志的《请求书》及冯仲云、周保中的信件，但由于省委领导正在各地领导各部队开展抗日斗争，未能及时就此问题做出研究，而是分别向各地党组织征求了意见。最后，北满省委回复赵尚志："北满省委首先告诉赵尚志同志，北满省委从来没有怀疑赵尚志是奸细，也不是因此开除党籍。而是根据1939年赵尚志同志在下江企图策反的严重错误，决定永远开除党籍。……去年戴鸿宾、陈绍宾两位同志来到岭西，我们才知道赵尚志同志的策反行动。"最后说"北满党委尊重上级党的建议，尊重兄弟党的建议，根据北满大多数党员同志的意见，决定只取消'永远'二字，改为'开除赵尚志党籍'，其他方面没有再减轻的余地。"

原来，赵尚志开除党籍的事情是因为戴鸿宾和陈绍宾向北满省委汇报说，赵尚志反对中共中央的路线，推行"左倾关门主义"的路线，并时常流露出反党反组织的行径。在敌我形势十分复杂的情况下，分散游击斗争的现实中，东北党组织和党中央缺乏直接联系，得不到党直接的领导，只能在艰苦的斗争中自己摸索抗日路线和党内路线；而党内生活又长期受到"左倾机会主义"的影响，所以难免会在处理问题时犯这样和那样的错误。正是这种复杂的环境才造成了这一令人遗憾的决策。

赵尚志被开除党籍后，内心十分痛苦，同时也感到十分委屈。但是他并没有灰心丧气，也没有对党的事业丧失信心，他相信事情总是会被澄清的。1940 年 3 月，周保中召集第七军政治部主任王效明领导的部队，任命赵尚志为第二路军副总司令。赵尚志义无反顾地继续从事着东北抗日斗争，为驱除日寇、恢复中华的事业奋斗。

六、血染梧桐河

　　赵尚志被开除党籍、撤销第二路军副指挥职务后，不能参加抗联领导会议，许多重要会议内容和行动计划他都不清楚。赵尚志成了被组织遗忘的人。尽管如此，他依然渴望再次投身抗日战场，为驱逐日寇而奋战。

1. 重回东北战场

　　1941 年的秋冬，东北地区的抗日形势十分严峻，日军的扫荡越来越频繁，敌人通过搜山、切断粮食等手段，企图困死抗联的战士们。赵尚志谢绝了苏联的挽留，一再申请要回到东北抗日前线，与抗联的同志们一起同仇敌忾。

　　经过赵尚志不断地申请，1941 年 10 月，他终于得到苏联远东军的允许，再次返回自己的祖国，投入热血战斗中。在苏联边防军的护送下，他带领四名抗联战士组成一个小分队，在一天夜里秘密渡过黑龙江，在萝北县大马河口上岸。此时的东北冰天雪地，已经快进入一年中最难熬的时候，他们面临着严寒的考验和粮食、枪支弹药的极度匮乏，但他们仍然开始搜集情报，开展游击行动，伺机炸毁日军的重要机关，打击敌人。虽然只有 4 名部下追随他，但他心中早已立下誓言，"再也不离开祖国，死也要死在东北的抗日战场上。"

然而，他并不知道，日本关东军一直没有忘记他，作为东北抗日联军主要领导之一的赵尚志，一直都是日伪警察署全力捕杀的对象。当日军通过情报得知赵尚志已经回到东北，便展开对赵尚志的搜捕。七天过去了，搜索毫无成效。

于是，兴山伪警察署长田井久二郎、特务主任东城正雄精心谋划如何抓捕赵尚志。他们想，赵尚志受到当地广大群众的支持，即使调动日军一个师的兵力，也拿不下赵尚志。最后，他们拟定了一个间谍计划，派遣特务秘密潜入赵尚志的队伍中，在赢得赵尚志的信任之后，把他引向日军的包围圈。日军还高额悬赏他的头颅，日本警察署长放出话来："抓到赵尚志，悬赏一万日元"，并叫嚣"一钱骨头一钱金，一两肉得一两银"。

2. 奸细打入内部

刘德山本来是猎手出身，因为枪法很好，别人也叫他"刘炮"，当时已经沦落为日伪警察署的特务。他经常以打猎为名在当地流窜，为敌人搜集抗联活动的各种情报，赢得了日伪警察署长田井久二郎的赏识。这一次，他被命以收山货为名，潜入赵尚志带领的小分队活动的一带，自愿加入他们的队伍，并且通过提供各种假情报作为掩护，在赢得队伍信任的情况下，把他们引向梧桐河附近。事后，他将获得一笔相当丰厚的赏金。

1942年1月15日，赵尚志的小分队偶遇刘德山。赵尚志部下姜立新恰好是刘德山的老乡，刘德山表示，想参加到他们的队伍中来。赵尚志当时考虑到，一方面自己兵力太弱，的确急需扩充兵力，另一方面自己离开东北一年多，对当地战局和实际情况不是很了解，况且刘德山是自己部下的老乡，于是就轻信了刘德山，允许他加入队伍。在这段时间里，刘德山不断为赵尚志提供当地日军的相关情报，逐步赢得了赵尚志的信任。

但在这段时间里，刘德山怕赵尚志起疑心，并没有向日伪警察署的人提供情报。田井久二郎以为刘德山被杀了，就派出了二号特务张锡蔚执行同样的任务。

2月8日，张锡蔚找到了赵尚志的小分队，声称想加入抗战队伍。赵尚志对张锡蔚的出现有点怀疑，并且认为他应该是

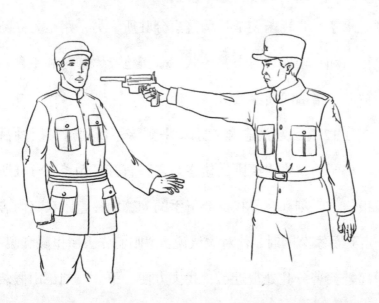

密探，当即掏出手枪要枪毙他。刘德山看到是同伙来了，赶忙对赵尚志说："他是我唯一的亲友，一定是因为我这么久都没有回去，不放心，所以来探听我的消息来了，就让他加入队伍吧！"当时，赵尚志对刘德山已经有了一定的信任，便把枪收了回去，而且答应张锡蔚参加队伍的事。

3. 伪警察署长的圈套

不久，刘德山向赵尚志献计，极力怂恿道："梧桐河警察分所人很少，现在正是袭击的好时机，可以集中兵力突袭那里。"并建议让熟悉当地日军分布情况的张锡蔚提前去做侦察工作。赵尚志同意了刘德山的这个行动提议。

赵尚志部署行动计划，决定分成两路展开袭击，一路是他率领王永孝、张锡蔚袭击日伪警察分驻所，另一路是姜立新带领刘德山和一个伙计袭击警备队，获得枪支、弹药和粮食，张锡蔚被派往梧桐河侦察敌情。

2月12日，赵尚志和王永孝来到警察所附近一所姓吕人家的小房子前，张锡蔚则借侦察为名，直奔日伪警察分驻所去通风报信。时刻都在寻找机会下手的刘德山一直跟在赵尚志身边，走到吕家菜园时，他对大伙说："咱们先去屋里暖和暖和，这里离警察署分驻处很近了，我去方便一下。"刘德山假装离开时，绕到了赵尚志身后，趁机朝赵尚志背后开了一枪。赵尚志倒在了地上，立刻意识到刘德山原来是个奸细，但军人的机敏和坚毅使得他强忍着剧痛，迅速朝着正向王永孝开枪的刘德山连击两枪。刘德山脑袋和胸部中弹，当场毙命。

听到枪声的姜立新等人赶到的时候，赵尚志已经倒在血泊中，大家也马上明白过来，原来刘德山和张锡蔚是日本人派来的间谍。姜立新万分懊悔，轻信了声称老乡的刘德山，还为他说情。他将赵尚志背到吕家小房子里。屋里新婚不久的女主人吕振清看到此情此景，已经被吓蒙了，但一听说是赵司令，她赶忙用新缝制的被褥将冰冷的赵尚志包裹起来，喂水给他喝。然而，赵尚志清楚地知道自己已经不可能活着离开了，立刻命令姜立新："我伤势太重了，你们带着文件迅速撤，赶紧走啊！"

就在这个时候，张锡蔚已经带领日本警察小分队赶来，日伪军已经将菜园子包围了起来。为掩护姜立新带着秘密文件顺利撤离，赵尚志和王永孝坚持抵抗着逼近的敌人，双方激烈的枪战在吕家菜园附近持续了二十多分钟，但敌我力量实在悬殊，而且敌人是有备而来，王永孝腹部被敌人的机枪打穿，身负重伤。最后，姜立新带着秘密文件顺利撤离东北，后来去了苏联。

此时的赵尚志和王永孝因伤势过重已经神志不清，两人在重度昏迷中被两个日伪警察拖在爬犁上带回了警察署。

赶爬犁的是一个叫丁春生的当地人，他用白面袋子将赵尚

抗日英雄
赵尚志

志血流不止的伤口做了简单的包扎。赵尚志对他说："只成想死在千军万马中，没想到死在'刘炮'手里。"

4. 慷慨赴死

赵尚志被拉到伪警察分驻所时，伤势已十分严重，子弹从后腰斜着打进从前腹穿出，血流不止。敌人为了解抗联活动情况，对他进行突击审讯。赵尚志在生命最后的 8 个小时里，毫无惧色，他一边克制着剧烈的伤痛，一边与敌人进行着最后的顽强斗争。

日伪军拿饭给他吃，他怒目相斥说："我不吃你们'满洲国'的饭。"巨大的伤痛并没有打垮他斗争的坚强决心，一同被捕的王永孝因伤痛难忍不时地大声叫痛，他就对王永孝说："要有男儿骨气！你叫就不疼了？你叫就不死了？"

审讯中，警务科长陈云峰首先问他的身份。赵尚志对他说："你不也是中国人吗？你背叛了祖国，是帝国主义的走狗，你没有资格和我说话。"陈云峰顿时说不出话来。赵尚志又接着说："我一个人死去，这没有什么。要知道，抗联是杀不完的。我就要死了，还有什么可问的！"东城正雄则在赵尚志腹部的伤口处踢了一脚，继续审讯。赵尚志在生命的最后时刻，面对残暴的敌人，依然表现出对祖国的忠诚。

抗日战争胜利后，东城正雄在抚顺战犯管理所曾交代说："赵尚志腹部受伤，血浸透了棉衣。他强忍着疼痛，没有发出一声呻吟。不管我们如何审讯，他始终以沉默来对待。"

经过 8 个小时的残酷折磨，敌人没有从赵尚志嘴里得到任何有用的军事信息与口供，赵尚志也终于流尽了最后一滴血。年仅 34 岁的他走完了自己短暂而壮烈的一生，为国捐躯，实践了他"争自由，誓抗战，效马援，裹尸还"的铮铮誓言。

5. 身首异处

赵尚志牺牲之后，日寇因为不认识赵尚志，就请来了曾和赵尚志并肩抗战、但后来投靠了日本人的李华堂（原抗联第九军军长）和谢文东（原抗联第八军军长）两人来辨认尸体。

当时在佳木斯叁奖公寓任职的李华堂看到被折磨得不成人形的赵尚志，眼泪大滴大滴地掉了下来，大叫道："司令，你到底怎么着了啊？"李华堂在抗联时最尊敬的就是赵尚志。赵尚志当时看好李华堂，曾帮他的自卫军扩充兵马、加强武器装备，还提议他做了抗日联合军副总司令，让他与杨靖宇、周保中等将军并列。

面对英雄的遗体，李华堂低声说道："没错。"

谢文东辨认尸体时，爬犁上赵尚志的遗体已经被折磨得让

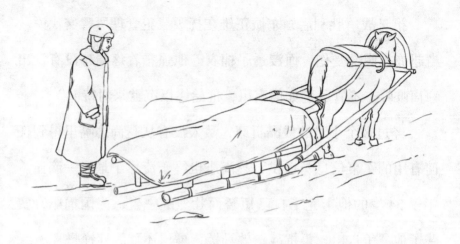

人不忍目睹，但仪容威严。他的头僵直地歪向一边，冰冷的霜雪覆盖了胡子和眉毛，眉宇间显示出刚烈顽强的气度，仍然瞪着的双眼坚毅地向外鼓着，仿佛跟人说他是死不瞑目，头发冻得粘在了爬犁上，身体瘦得皮包骨头。谢文东披着大衣走了过来。一个伪警察汉奸用脚踢了几下歪着的头颅，想让谢文东看得更清楚，可头颅没有转过来，却扯掉了一绺头发。谢文东虽投靠了日本人，但内心对赵尚志一直很佩服和崇敬。此时，谢文东无比心痛，他抑制不住心中的怒火，连推带骂："你没长手啊！"将那个伪警察推了个跟头，在场的人一下子静了下来。

谢文东阴沉着脸、强忍着悲痛，弯腰仔细看了看爬犁上的尸体，深深地叹了口气，说："赶紧给他准备一口好棺材，别让他在这冰天雪地里躺着。"随后，他收起满脸的不忍和心痛，拍了拍裤脚上粘的雪，走到两个日本军官面前说，"没错，是赵尚志。"

第二天，冻得僵硬的赵尚志遗体被装上卡车，送到特务科，当即被锯成两段，身体被残忍地扔进了松花江的冰窟窿里，头颅却被日本特务装进木箱，用飞机运往长春日伪治安部。

在长春大经路的护国般若寺院里，治安大臣于芷山亲眼看过头颅，连声说：好！好！

日本关东军准备将赵尚志的头颅公开示众，然后密封保存，和杨靖宇、陈翰章等烈士的头颅一样，伺机运往日本，一来邀功请赏，二来向日本炫耀武力占据中国东北的"赫赫战果"。但由于赵尚志的头颅在没进行药物浸泡之前就发生变化，保存已不可能。所以，经于芷山请示关东军总司令部，决定将烈士的头颅焚烧灭迹，随后头颅便不知去向。

1987 年，日本女作家林郁到哈尔滨访问，抗联老战士李敏在接受采访时，向林郁讲述了赵尚志牺牲和头颅失踪的经过，希望她回日本后可以帮助寻找赵尚志头颅的线索。没想到，林郁回国后便采访了当年谋害赵尚志的主要凶手东城正雄。原来，就在日军决定要将赵尚志的头颅焚烧灭迹的时刻，般若寺的住持倓虚大师面请了在场的日本关东军总司令梅津美治郎，希望将头颅交给他，以做妥善处理。由于梅津美治郎信奉佛教，曾多次拜见倓虚大师，便破例答应了这个请求。倓虚大师出于慈悲之心，将赵尚志的头颅悄悄地安葬在了般若寺内，没有告诉任何人。

直到 2004 年般若寺进行局部修缮时才意外发现了一个头骨，经鉴定，这个头骨正是赵尚志的头骨，2008 年头骨被重新安葬在了赵尚志的家乡朝阳。

赵尚志将军早年便投身于抗日斗争，戎马一生。为了中华民族的解放、为驱逐日寇，他英勇奋战直至最后一刻，牺牲时年仅 34 岁。他是东北抗日联军的著名将领，是中华民族的抗日英雄。

赵尚志参加抗联以来骁勇善战，中共中央发表的《八一宣言》中，曾称赞他为"民族英雄"。毛泽东同志也给予其很高的评价："有名的义勇军领袖杨靖宇、赵尚志、李红光等，他们都是共产党员，他们坚决抗日艰苦奋斗的战绩，是人所共知的。"

为了纪念抗日民族英雄赵尚志将军，经过第一届工农代表大会讨论决议，将他英勇战斗过的地方、东北抗日联军的发祥地珠河县改名为尚志县，后改为尚志市。

在赵尚志牺牲 40 年后，中共黑龙江省委做出决定，撤销 1940 年中共北满省委开除赵尚志党籍的决定，恢复他的党员身份，英雄终于可以安息了。

赵尚志和所有曾浴血奋战、殊死抗敌、英勇牺牲的中华烈士们，值得我们永远缅怀。